Uwe Gonther, Jann E. Schlimme

Hölderlin

Das Klischee vom umnachteten
Genie im Turm

Psychiatrie
Verlag

W0177044

Prof. Dr. Uwe Gonther ist Facharzt
für Psychiatrie und Psychotherapie,
Ärztlicher Direktor AMEOS
Klinikum Bremen, Lehrauftrag
für Psychiatrie an der Hochschule
für Künste im Sozialen (HKS)
Ottersberg.

Priv.-Doz. Dr. Dr. Jann E. Schlimme,
M.A., ist Facharzt für Psychiatrie
und Psychotherapie in einer eigenen
Praxis für Psychosebegleitung und
Psychosenpsychotherapie und
hat verschiedene Lehraufträge
für Sozialpsychiatrie.

Uwe Gonther, Jann E. Schlimme

Hölderlin

Das Klischee vom
umnachteten Genie im Turm

Psychiatrie persönlich

Ohne die geduldige und freundschaftliche Unterstützung von Sandra Kieser und Silke Schalhorn wäre dieses Buch nicht zu Hölderlins Geburtstag fertig geworden, vielleicht sogar niemals. Liebe Sandra, liebe Silke, wir danken Euch!

Das umnachtete Genie im Turm?

Im Jahr 2020 feiern wir die Geburt von Friedrich Hölderlin vor 250 Jahren. Wir feiern den Dichter und seine großartigen Werke – Leistungen, die er in seinen ersten 36 Lebensjahren vollbracht hat. Seltener beachtet hingegen werden die letzten 36 Jahre seines Lebens, und wenn, dann oft im Bild des umnachteten Dichters im Turm. Doch dies ist ein Klischee. Es nährt das romantische Bild des wahnsinnigen Dichters, der über die Tiefe seiner Einsichten verrückt geworden ist. Es nährt aber auch das psychiatrisierende Bild des unverständlichen Schizophrenen, der von der Wucht seiner Krankheit dauerhaft realitätsverwirrt geworden ist. Beide Bilder sind falsch, sie sind inhaltsleere Klischees. Sie sagen uns weder etwas über den Menschen Friedrich Hölderlin noch über das Verhältnis von Kreativität und seelischen Krisen. Dennoch hat Hölderlin die Auseinandersetzung über das Thema »Genie und Wahnsinn« im deutschsprachigen Raum bis heute geprägt, und vielleicht ist dies sogar seine größte Wirkung in unserem Kulturraum. Denn die Debatte um Friedrich Hölderlins Krankheit wurde schon zu seinen Lebzeiten intensiv geführt und ist bis heute nicht abgeschlossen. Wir möchten anlässlich des 250. Jahrestages seiner Geburt diese Auseinandersetzung aufnehmen. Wir denken: Es ist

Zeit, mit dem Klischee des geistig umnachteten Dichters im Turm aufzuräumen.

Wer war Friedrich Hölderlin, der 1807 nach 231 Tagen aus der Behandlung im Tübinger Universitätsklinikum als unheilbar krank und mit der ärztlichen Prognose von maximal drei weiteren Lebensjahren entlassen wurde? Was wissen wir über den Menschen, der anschließend 36 Jahre beim Schreinermeister Zimmer direkt am Neckarufer lebte, nur siebzig Meter vom Klinikum entfernt? Was war das für ein Mensch, der sein langes Leben weiterhin aktiv gestaltete, wenn auch in sehr kleinräumigen Verhältnissen? Uns geht es um diesen zwar keineswegs umnachteten, aber sicher auch nicht völlig uneingeschränkt gesunden Menschen Friedrich Hölderlin. Und darum, wie er den Weg hin zu einem mehr oder weniger guten Leben nach den vielen Erschütterungen fand und ging.

Seit zwei Jahrzehnten beschäftigen wir uns mit diesen Fragen. Doch wir können nicht behaupten, wir wüssten alles zu diesem Thema. Im Gegenteil: Wir sind davon überzeugt, dass dies gar nicht möglich ist. Zum einen, weil wichtige Dokumente nicht überliefert wurden, wie beispielsweise Hölderlins Krankenakte aus dem Klinikum. Zum anderen, weil wir Hölderlin immer mit unseren eigenen Augen, unserem Wissen und unserem Verständnis sehen. Es gibt nicht die eine Wahrheit über einen anderen Menschen, die exakte Sicht, das richtige Bild. Sondern immer nur das Bild, das wir uns von dem anderen machen. Genau dies haben auch etliche Psychiater gemacht: Sie haben Hölderlins zweite Lebenshälfte durch ihre Augen betrachtet, dies jedoch als exakte Wissenschaft ausgegeben und so zum Klischee des umnachteten Genies im Turm beigetragen. Doch es gibt auch Ausnahmen aus psychiatrischer und vor allem literaturwissenschaftlicher Sicht, die den Menschen hinter dem Klischee gesucht und gefunden haben. In dieser Linie sehen wir uns selbst.

Selbstverständlich lebt die Debatte um Hölderlin auch von der spärlichen Überlieferung harter Fakten. Dies erfordert Spekulation, wenn man sich dem im Leben verirrten und vom Leben verstörten Hölderlin der Jahre nach seinem Zusammenbruch 1802 nähern will. So erfindet sogar Peter Härtling in seinem grandiosen biografischen Roman an einzelnen Stellen Beschwerden hinzu, um uns Hölderlins Seelenzustand zugänglicher zu machen (v. a. Stimmenhören; vgl. HÄRTLING 2005, S. 385, 434, 452, 457, 468, 472 u. 490). Dies erscheint uns im Rahmen der literarischen Freiheit nachvollziehbar. Für unsere Auseinandersetzung geht das natürlich nicht. Schließlich sollten wissenschaftliche Darstellungen stets die Zurückhaltung aufweisen, die ihrem methodischen Vorgehen entspricht. Dies bedeutet zunächst, dass wir keinen Anspruch auf Vollständigkeit oder gar ein widerspruchsfreies Verständnis des Menschen Hölderlin in seiner zweiten Lebenshälfte haben. Zudem sind wir uns der Vorläufigkeit aller Darstellungen bewusst. Auch denken wir nicht, dass wir uns heutzutage mit dem Menschen Friedrich Hölderlin besser verständigen könnten als seine Zeitgenossen damals. Wir denken da insbesondere an Lotte Zimmer und Wilhelm Waiblinger, die ihm als Menschen vermutlich so nahegekommen sind, wie es überhaupt möglich war.

Wir geben zu, dass sich die Geschichte, die wir schreiben, an unserem grundlegenden Erkenntnisinteresse als Psychiater orientiert: Wie gelingt weitgehende Genesung nach schwersten seelischen bzw. psychotischen Krisen? Dieses Interesse markiert zugleich den blinden Fleck unserer Perspektive. Ein Dilemma, das nicht aufgelöst werden kann. Wir können es höchstens durch die Art und Weise unseres Vorgehens entschärfen, indem wir die Perspektiven der damals Beteiligten soweit möglich gesondert darstellen. Erst am Ende soll es dann explizit um unsere Perspektive gehen, auch wenn sie natürlich bereits die vorherigen Darstellungen beeinflusst hat. Letztlich ersetzt unsere Darstellung nicht die eigene Lektüre der Primärquellen, um sich ein Bild zu machen. Aber vielleicht macht sie neugierig auf diese Quellen, sind sie doch die einzige Grundlage für Überlegungen zu Hölderlins seelischem Zustand in der zweiten Lebenshälfte.

Biografische Rohdaten

1770

Am 20. März wird Johann Christian Friedrich Hölderlin in Lauffen am Neckar geboren. Vorfahrin mütterlicherseits ist die schwäbische Geistesmutter Regina Bardili (1599–1669), Vorfahrin auch von Hegel, Schelling, Schiller, Uhland und Mörike.

1772

Plötzlicher Tod des Vaters und Großvaters.

1773

Wiederverheiratung der Mutter mit Johann Christoph Gok, der für Hölderlin zum geliebten Vater wird und 1779 ebenfalls überraschend stirbt. Umzug nach Nürtingen.

1776

Geburt des Halbbruders Karl Gok.

1784–1788

Besuch der niederen Klosterschule in Denkendorf (bei Nürtingen), ab 1786 der höheren Klosterschule bei Maulbronn.

1788–1794

Studienjahre im Tübinger Stift, teilweise gemeinsam mit Hegel und Schelling. Studium der Theologie, Philologie, besonders der griechischen, und der Philosophie (insbesondere Kant). 1791 erste Publikation von Gedichten, ständige dichterische Aktivität.

1794–1795

Hofmeister im Hause Charlotte von Kalbs, Bekanntschaft mit Schiller, Fichte (Teilnahme an dessen Kolleg) und Novalis, Freundschaft mit Isaak von Sinclair, Aufenthalt in Jena mit Lehrtätigkeit. Unglückliche Begegnung mit Goethe im Hause Schillers.

1796–1798

Hofmeister im Hause Gontard in Frankfurt, Liebesbeziehung mit Susette Gontard (»Diotima«). Im Sommer 1796 Flucht vor den französischen Truppen in Begleitung Susette Gontards und der Gontard'schen Kinder nach Kassel, Bekanntschaft mit Wilhelm Heinse, Rückkehr nach Frankfurt. Ein Eklat beendet die Anstellung.

1797

Publikation des ersten Bandes des »Hyperion«.

1798–1800

Aufenthalt in Homburg, diverse Krankheiten, kurze Aufenthalte bei der Mutter in Nürtingen und bei der befreundeten Familie Landauer in Stuttgart.

1799

Publikation des zweiten Bandes des »Hyperion«.

1801

Hofmeister bei der Familie Gonzenbach in der Schweiz, Beendigung wegen massiver gesundheitlicher Probleme, Bruch mit Schiller. Abreise nach Frankreich.

1802–1803

Hofmeisterstelle bei der Familie des Konsuls Meyer in Bordeaux, Rückkehr über Paris nach Deutschland. Tod der Geliebten Susette Gontard, Zusammenbruch, Rückzug nach Nürtingen zur Mutter, Reisen nach Regensburg mit Sinclair (1802) und zum Kloster Murrhardt (Hochzeit Schellings, 1803).

1804

Umzug zu Sinclair nach Homburg, Anstellung als Hofbibliothekar.

1805

Sinclairs Verhaftung wegen revolutionärer Handlungen, massive psychische Krise Hölderlins, Tod Schillers.

1806–1807

Gut halbjährige Zwangsbehandlung und Entmündigung im Autenrieth'schen Klinikum in Tübingen, gelegen in der Bursagasse, medizinisch versorgt von dem damaligen Studenten Justinus Kerner.

1807–1843

Aufenthalt bei der Familie des Schreinermeisters Ernst Zimmer als Pflegling im später so genannten Hölderlinturm am Tübinger Neckarufer. Vormundschaft durch die Mutter, nach deren Tod durch den Oberamtspfleger Burk. Abgesichert durch ein privates Erbe und eine Sonderrente (Gratial) vom württembergischen Hofe.

1807–1812

Wiederaufnahme des dichterischen Schaffens. Häufig starke und länger andauernde Erregungszustände mit nachfolgender Apathie, im April 1812 schwere körperliche Erkrankung.

1812–1816

Erregungszustände seltener und milder, Ausdehnung der sozialen und künstlerischen Aktivität (Poesie, Musik). Wiederaufnahme der Korrespondenz mit der Mutter, Geburt von Lotte Zimmer 1813.

1816–1822

Phase des Rückzugs auf die Hausgemeinschaft, eingeschränkte künstlerische und sonstige Aktivität, jedoch fortgesetzte Korrespondenz mit der Mutter.

1822–1829

Besuche durch Wilhelm Waiblinger (bis 1826), erneute Ausdehnung der sozialen und künstlerischen Aktivität und der Korrespondenz mit der Mutter bis zu deren Tod 1828, briefliche Kontaktversuche mit Halbbruder und Schwester.

1826

Publikation einer ersten Werksammlung durch Gustav Schwab und Ludwig Uhland ohne direkte Beteiligung Hölderlins an der Herausgabe des Bandes.

1829–1837

Zunehmend zahlreichere, nicht selten als störend empfundene Besuche von Fremden (Hölderlin als »Tübinger Attraktion«). Begrenzung der Kontakte auf die Hausgemeinschaft sowie Abbruch der Kommunikation mit der eigenen Familie. Fortgesetzte künstlerische Aktivität bis kurz vor dem Tod 1843.

1837

Beginn der Verwendung des Pseudonyms »Scardanelli« (u. a. im dichterischen Schaffen).

1838

Tod von Ernst Zimmer, Lotte übernimmt die Verantwortung der Pflege.

1841–1843

Mehrfache Besuche von Christoph Theodor Schwab.

1843

Hölderlin stirbt am 7. Juni um Mitternacht aus weitgehender körperlicher Gesundheit in Anwesenheit von Lotte Zimmer.

Bereits die tabellarische Darstellung biografischer Rohdaten ist Interpretation: Was lassen wir weg? Was nehmen wir auf? Die immer noch übliche Darstellung der biografischen Daten folgt dem Klischee des umnachteten Genies, da sie einen einzigen Kurzschnitt zur zweiten Lebenshälfte anbietet, meist im Sinne »1807–1843: Aufenthalt in geistiger Umnachtung bei der Familie des Schreinermeisters Ernst Zimmer im später so genannten Hölderlinturm in Tübingen«. Dies wirkt so, als wäre in dieser Zeit nichts weiter Berichtenswertes passiert, als wäre diese »Turmzeit« ein monolithischer Lebensabschnitt, in dem Hölderlin zwar geatmet haben und biologisch gealtert sein muss, sonst aber nichts weiter passiert ist. Dies ist falsch. Bereits die grobe Gliederung der 36 Jahre Turmzeit zeigt: Hölderlin hat Dinge unternommen, Menschen getroffen, war künstlerisch aktiv.

Zeittafel zur überlieferten seelischen Verfassung in der zweiten Lebenshälfte

1. Die ersten Monate in seiner Pflegefamilie, in denen man glaubt, ihn überwachen und am Schreiben, das ihn zu sehr erregt, hindern zu müssen: Hölderlin steht noch unter dem Eindruck des Krankenhausaufenthalts, muss sich psychisch und physisch erholen und erst Vertrauen zu seiner neuen Umgebung finden.

2. Der Zeitraum von Mitte 1807 bis Anfang 1812: Hölderlin ist ruhiger, dichtet intensiv und ist auch sonst aktiv und interessiert. Häufig treten starke, zum Teil länger andauernde Erregungszustände auf, gefolgt von apathischen Phasen, in denen er sich von seiner Umwelt zurückzieht. Seine Poesien, in denen er offen seine Gefühle ausdrückt, werden von einer neuen Einstellung zum Leben und zu seinem Schicksal bestimmt: ruhige Darstellung seines Leidens, sehnsüchtige Erinnerung und glückliches

Versenken in die Natur. Parallel dazu findet sich ein Übergang zu einfacheren Gedichtformen. Am 19. April 1812 erkrankt Hölderlin für einige Tage schwer.

3. Nach der körperlichen Erkrankung 1812 bis etwa 1816: Die Erregungszustände sind in Intensität, Dauer und Häufigkeit deutlich verringert, Ernst Zimmer beschreibt Hölderlin als »recht Braf und immer sehr Lustig« (zit. n. HÖLDERLIN 2004, Bd. 12, S. 57). Er spielt die Flöte, die er 1811 bekommen hat, und beginnt spätestens 1814, Klavier zu spielen. Regelmäßig schreibt er Briefe an seine Mutter, in einem distanzierten und aktiv distanzierenden, oft formelhaften Stil, in dem sich aber immer wieder einzelne sehr persönliche Sätze finden.

4. Von 1816 bis 1822: Hölderlin hat seine künstlerischen und sonstigen Aktivitäten eingeschränkt, und seine Kontakte sind auf die Hausgemeinschaft begrenzt. Ein Zeitraum deutlichen, generellen Rückzugs.

5. Von Juli 1822 bis etwa 1829 nach dem Tod der Mutter: Hölderlin hat zeitweise intensiven Kontakt mit Waiblinger (Erstkontakt am 3. Juli 1822), zu dem er Vertrauen fasst und mit dem er Gespräche führt und Ausflüge macht. Er gewinnt wieder Interesse an seiner Umwelt, auch in politischer Hinsicht, und nimmt wieder künstlerische und andere Aktivitäten auf. In Briefen an seine Mutter schreibt er über persönliche Themen, drückt seine Gefühle und den Wunsch aus, nach Nürtingen zurückzukehren. Er schreibt 1823 an seinen Halbbruder und um 1828 mehrfach an seine Schwester. Vom Tod der Mutter 1828 ist er betroffen. Im weiteren Verlauf des Jahres nimmt seine geistige und körperliche Aktivität wieder ab.

6. Von 1829 bis 1837: Hölderlin hat die Kontakte zu seiner Familie beendet und ist auf seine Hausgemeinschaft beschränkt, hat aber Kontakt mit den zahlreicher werdenden Besuchern, die ihn zum Teil wie eine Tübinger Attraktion aufsuchen. Er schreibt von nun an ausschließlich Gedichte mit einfachen Formen und reduzierter Themenwahl, die Persönliches und Gefühle nicht mehr direkt ausdrücken.

7. Von 1837 bis 1843: Seit 1837 unterzeichnet Hölderlin seine Gedichte, die jetzt ausschließlich gereimt sind bei reduzierter Themenwahl, mit angenommenen Namen und besteht vor allem in Bezug auf sein Werk darauf, nicht mehr Hölderlin zu heißen. Nach dem Tod von Ernst Zimmer am 18. November 1838 übernimmt Lotte Zimmer die Verantwortung für seine Pflege. Die Erregungszustände werden wieder etwas stärker und häufiger. Ab Anfang 1841 hat Hölderlin häufig Kontakt mit Christoph Theodor Schwab, zu dem er Vertrauen fasst und dem gegenüber er Gefühle ausdrücken kann. Er spricht zum ersten Mal seit langer Zeit von einigen ihn persönlich stark berührenden Themen: Susette Gontard, seinem Aufenthalt in Frankreich, Goethe. Am 7. Juni 1843 stirbt Hölderlin um Mitternacht aus weitgehender körperlicher Gesundheit an akutem Herz-Kreislauf-Versagen. (WALLNER, GONTHER 2010, S. 123 ff.)

Bereits diese beiden Darstellungen zeigen, dass das Sprechen vom »geistig umnachteten« oder »schizophrenen Genie im Turm« eine massive Verkürzung ist. Denn jegliche Eigenaktivität und Individualität der Person verschwindet, wenn nur noch vom »Aufenthalt im Turm« gesprochen wird. Ebenso inhaltsunbestimmt könnte man auch von einem »Aufenthalt in der Psychiatrie« sprechen. Dann geht es nur noch um den Ort, an dem sich aufgehalten wird, nicht mehr um die Person, die sich dort aufhält. Vergleichbares geschieht, wenn von »geistiger Umnachtung« oder »Schizophrenie« gesprochen wird: Hier rückt ein entindividualisiertes Idealbild eines seelischen Zustands in den Vordergrund. Konsequenterweise wird die Deutungshoheit dann an die mutmaßlichen Experten für »geistige Umnachtungen« und »Turm- bzw. Psychiatrieaufenthalte« abgegeben. Seit den letzten 200 Jahren sind dies die Psychiater. Dies wäre nicht problematisch, wenn sich die Betreffenden nicht primär für Diagnosen und Aufenthaltsbestimmungen, sondern für den Menschen interessieren würden. Leider war nur allzu oft das Gegenteil der Fall.

Zeittafel posthumer psychiatrischer Schizophreniediagnostik bei Hölderlin

1908

schreibt Wilhelm Lange-Eichbaum die Pathografie »Hölderlin«. Darin sieht er die spätesten Gedichte und auch schon die Hymnen als Ausdruck der Krankheit, als »schizophrene Kunst«. Lange-Eichbaums Pathografie ist der erste Sündenfall einer Anwendung des erst wenige Jahre zuvor in der Psychiatrie von Emil Kraepelin bzw. Auguste Morel entwickelten Schizophreniekonzepts auf Hölderlin. Kraepelin versteht dabei Schizophrenie, die von Morel zunächst als Dementia praecox (= vorzeitige Verblödung) bezeichnet wurde, als eine hirnorganische Krankheit mit ausschließlich biologischen Ursachen.

1911

nennt Eugen Bleuler den angeblichen Sprachzerfall der Hymnen als typisch für Schizophrenie, dargestellt am Beispiel »Patmos«. Dieses Werk lag zu jener Zeit für Bleuler noch außerhalb der künstlerischen Norm. Bleuler, der das Wort »Schizophrenie« erfand, verstand es als einen Sammelbegriff verschiedener Erkrankungstypen, die sowohl psychische als auch organische Ursachen hätten und psychosozialen Therapien zugänglich seien.

1922

lehnt Karl Jaspers die Anwendung psychopathologischer Kategorien auf Hölderlins Dichtung ab, will aber zugleich an Hölderlin einen exemplarisch-lehrreichen Fall von Schizophrenie ausmachen, da sich Hölderlin aufgrund seines Genies noch zur Schizophrenie als Schizophrener äußern könne. Jaspers schreibt: »Werke, die auf dem Boden eines als krank gewerteten Prozesses gewachsen sind könnten einen spezifischen Charakter haben, der [...] nur existierend wird, wenn jener Prozeß die Bedingungen schafft« (JASPERS 1922, S. 173). In seiner Überarbeitung 1926 ergänzt er das eindrückliche Bild: »Wie eine kranke Muschel Perlen entstehen läßt, so könnten schizophrene Prozesse einzigartige geistige Werke entstehen lassen« (JASPERS 1926, S. 100). Besonders deutlich macht Jaspers diese paradoxe, für ihn jedoch schlüssige Positionierung an der Odendichtung der Homburger Zeit (Homburger Folioheft), namentlich an »Brod und Wein«. Darin kämen Erfahrungen zum Ausdruck, die »es nur in der Schizophrenie gibt« (JASPERS 1922,

S. 138). Diese Einschätzung bewahrt sich Karl Jaspers auch nach der Entwicklung seiner Existenzphilosophie. So kennzeichnet er in der 1941/42 vollständig überarbeiteten vierten Auflage der »Allgemeinen Psychopathologie« das Verhältnis von künstlerischen Werken und schizophrener Krankheit bei Hölderlin »durch eine Produktivität spezifischer Art, die nicht im Ergebnis, aber in der Ursache krank ist (Bilder van Goghs, Hölderlins späte Hymnen)« (JASPERS 1973, S. 241).

1961

bietet Jean Laplanche ein psychoanalytisches Verständnis von Hölderlins seelischer Verfassung, welches zentral durch »die Suche nach dem Vater« strukturiert und verursacht sei (LAPLANCHE 1975). Allerdings sieht er hierdurch nicht die Diagnose einer Schizophrenie bei Hölderlin infrage gestellt. Vielmehr dient ihm Hölderlin als Nachweis, dass diese Diagnose einem psychoanalytischen Verständnis zugänglich sei. Die revolutionäre Wendung des Schizophrenieverständnisses, die Laplanche aus dieser Konstellation herleiten wollte, bleibt im Fachdiskurs weitgehend unbeachtet.

1964

erörtert Karl Leonhard erstmals sowie 1988 erneut seine Überlegungen zur diagnostischen Ordnung der Psychosen am Beispiel Hölderlins (LEONHARD 1964 und 1988). Gemäß seinem eigenen Klassifikationssystem von psychotischen Störungen stellt er bei Hölderlin rückblickend die Diagnose der »Kataphasie«. Hierunter versteht er eine Schizophrenie, die sich durch erregte und gehemmte Aktivitätsphasen sowie Sprach- und Denkstörungen auszeichnet. Dies meint er bereits in den 1790er-Jahren bei Hölderlin nachweisen zu können. Zudem macht er sich Gedanken über eine mögliche Vererbung der Krankheit durch die Mutter sowie deren lebensgeschichtlichen Einfluss. Sein Interesse ist aber primär diagnostisch unter der Annahme, dass dies historisch rückblickend möglich sei. Leonhards diagnostische Einordnung liegt somit auf der Linie von Uwe Henrik PETERS (1982).

1972

interessiert sich Helm Stierlin in seiner Arbeit nicht für diagnostische Fragen, denen er skeptisch gegenübersteht, sondern für die verständlichen Zusammenhänge von Hölderlins tiefer seelischer Verstörung und die heilsamen Kräfte seiner poetischen Aktivität (STIERLIN 1972). Er betont die Bedeutung des familiären Aufwachsens, den frühen Verlust des leiblichen Vaters im zweiten und des geliebten Stiefvaters im neunten Lebensjahr sowie das angespannte Verhältnis zur Mutter für diese »ungewöhnlich komplexe Persönlichkeit« und der hiermit entwickelten Schwierigkeit, Geborgenheit bei anderen Menschen zu finden (ebd., S. 535). Hierin sieht Stierlin beispielsweise ein starkes Motiv für Hölderlins ausgeprägtes Interesse an »Mutter Erde« in seinem dichterischen Schaffen ab 1799 (ebd., S. 545). Mit seinem vorsichtigen und an der Person in ihren lebensgeschichtlichen und lebensweltlichen Dimensionen interessierten Vorgehen sehen wir Stierlin als einen wichtigen Wegbereiter aus dem Bereich der Psychiatrie, um Hölderlins zweite Lebenshälfte, seine späteren Schaffensperioden und die in dieser Zeit entstandenen Texte und Gedichte nicht zu psychiatrisieren bzw. auf dem Weg der Pathologisierung zu entwerten.

1975

lehnt Gaetano Benedetti zwar eine Psychiatrisierung Hölderlin'scher Kunstwerke als »geradezu ehrfurchtslos« (BENEDETTI 1975, S. 14) ab, deutet aber zugleich seine Gedichte um 1800 als typischen Erlebnisausdruck einer an Schizophrenie erkrankten Person: »Es ist daher ergreifend mitzuerleben, wie die besondere Spannung der Jahre vor der Erkrankung und ihres Anfangsstadiums in die Spannungslosigkeit der späteren Zustände übergeht. Diese spätere Spannungslosigkeit wird durch die Unmöglichkeit bewirkt, eine Synthese zu bilden, ein Ich zu sein, und wird mit dem Preis der Abspaltung wesentlicher Ich-Seiten bezahlt« (ebd., S. 83). Wie dieser Widerspruch verstanden werden soll, bleibt unklar.

1982

beabsichtigt Uwe Henrik Peters, ein Schlusswort vom Standpunkt der Psychiatrie und Psychoanalyse zu formulieren (PETERS 1982). Die verdrängte Homosexualität als Untergrund der psychotischen Entwicklung spielt in »Wider die These vom edlen Simulanten« eine Hauptrolle. Mit seiner Schrift wendet sich Peters explizit gegen Pierre Bertaux und dessen Argumentation, Hölderlin sei zwar depressiv, aber eben nicht schizophren gewesen. Vielmehr, so Bertaux, habe er sich verstellen müssen, um der politischen Verfolgung zu entkommen. Peters lehnt diese Simulationsthese vehement ab. Stattdessen vergibt er aufgrund des bizarren und umständlichen Sprechens – gerade bei emotional aufwühlenden Themen im persönlichen Miteinander – die Kraepelin'sche Diagnose der Schizophasie, einer vor allem im Sprechen sich zeigenden Unterart der Schizophrenie. Dies entspricht im Wesentlichen Leonhards Kataphasiediagnose.

Peters' Schrift löste noch mal einige Diskussionen aus. Dennoch riss der Faden zwischen Literaturwissenschaft und Psychiatrie. Das gegenseitige Interesse erlosch. Zum einen konnte die Psychiatrie der literaturwissenschaftlichen Erkundung Hölderlin'scher Gedichte ja letztlich wenig anbieten, wenn ihre Vertreter in kindlicher Trutzigkeit immer nur auf der Richtigkeit ihrer Schizophreniediagnosen beharrten. Zum anderen riss das beharrliche Wiederholen längst vergebener Diagnosen auch im psychiatrischen Diskurs niemanden mehr vom Hocker. So erstarrte und erlosch das Interesse an der Auseinandersetzung auf psychiatrischer Seite. Kürzlich hat sich Rüdiger Safranski auf dem Boden der Auseinandersetzung zwischen Peters und Bertaux mit Hölderlins zweiter Lebenshälfte beschäftigt (SAFRANSKI 2019). Darin zieht sich Safranski auf die Debatte zurück, ob die zweite Lebenshälfte dadurch geprägt war, dass hier – zugespitzt formuliert – die Zersetzung eines genialen Geistes durch die Schizophrenie stattfand oder aber – erneut pointiert – ein Genie der Welt den Narren vorspielte. So wird alles zur Frage, was denn nun »die Schizophrenie« ist oder ob das Leben ein einziges Schauspiel ist.

Wir sind, wie übrigens auch Safranski, der Ansicht, dass dieser müßige Streit am Wesentlichen vorbeiführt. Dies betrifft sowohl die Frage nach »der Schizophrenie«, die es nicht gibt, als auch nach »dem Schauspiel«, welches das Leben nicht ist. Es betrifft aber auch das, was es mit und über Hölderlin hier zu lernen gilt. Denn Hölderlin war weder »total verrückt« oder »geistig umnachtet« noch in »perfekter geistiger Gesundheit« der allerbeste Schauspieler. Im Gegenteil: Er war gesund genug, um mit seinen psychischen Unsicherheiten, Verletzungen und Beschädigungen noch auf eine ihm eigene Art und Weise umzugehen – eben in der Art Friedrich Hölderlins. Dazu gehörte selbstverständlich auch das Dichten – was er tat und was ihm durchaus gelang –, was aber nur spürbar wird, wenn man es durch die Brille des Mitmenschen liest und hört. Eine Mitmenschlichkeit, die er im Alltag und an Besuchstagen bitter nötig hatte. Menschen, die ihn als Mensch sahen, wie Wilhelm Waiblinger, Ernst und Lotte Zimmer.

In dieser Linie gab es bereits einige bedeutsame Gegenentwürfe, die den Raum für den Blick auf den Menschen Friedrich Hölderlin in der zweiten Lebenshälfte öffneten. Hervorzuheben sind neben Helm Stierlin insbesondere Wolfgang BLANKENBURG (1983), der in den einfachen Strukturen der spätesten Lyrik vor allem den Versuch zur Selbsttherapie betonte, und Thomas KELLER (1993), der den Blick auf Hölderlins Alltag in der zweiten Lebenshälfte lenkte. Außerdem erschien 2010 ein Sammelband, in dem verschiedene Literaturwissenschaftler und Psychiater in angemessener methodischer Zurückhaltung gemeinsam auf den Menschen Friedrich Hölderlin in der zweiten Lebenshälfte, seine traumatische Behandlung im Tübinger Klinikum und seine meisterhafte Dichtung aus dieser Zeit blickten (GONTHER, SCHLIMME 2010). Jedoch überschritten sie alle nicht die Grenzen des elitären Fachdiskurses und brachen so das kulturell tief verankerte Klischee des umnachteten Genies im Turm nicht auf.

Um den Blick für den Menschen Friedrich Hölderlin in seiner zweiten Lebensphase frei zu bekommen, müssen wir den Ballast dieses Klischees ablegen, das in alle Poren unserer Kultur hineingesickert ist. Wir müssen uns die Frage stellen, wieso es so stark werden konnte. Wir sind überzeugt, dass die Antwort beschämend einfach ist: Das Klischee ist so stark, weil es uns eine schwer verständliche Person mit angeblich wissenschaftlicher Exaktheit für unverständlich erklärt. Nach dem Motto: Hölderlin war eben verrückt und Verrückte sind so. Dies entlastet von dem Aufwand, den es kostet, sich mit diesem so schwer verständlichen Anderen auseinanderzusetzen. Allerdings verpasst man dabei die Möglichkeit, zutiefst Menschliches über uns Menschen zu lernen. Hölderlin, so unsere These, ermöglicht es uns gerade durch sein Leben und Wirken in seiner zweiten Lebenshälfte, viel über schwere seelische Krisen und einen menschenwürdigen Umgang damit zu lernen. Genau dies haben wir vor, indem wir einen Trialog aus drei Perspektiven aufsetzen: Hölderlins eigener Perspektive, der seiner Vertrauenspersonen und der seiner ihn untersuchenden und behandelnden Ärzte.

Wir werden die Perspektiven der damals Beteiligten unkommentiert nebeneinanderstellen. Hierzu werden wir die Perspektive der zeitgenössischen Ärzte von der Perspektive Verwandter, Bekannter und Freunde Hölderlins anhand existierender Dokumente trennen. Und natürlich geht es um Hölderlins eigene Perspektive. Sie soll an erster Stelle stehen.

Dieses trialogische Nebeneinanderstellen dreier Perspektiven (Betroffene, Angehörige, Profis) entspricht dem Aufbau der sogenannten Psychoseseminare, deren Struktur ein respektvolles Gespräch über Erfahrungen ermöglicht, über die sonst nur mühsam eine Verständigung hergestellt werden kann. Erst danach soll es um unsere eigene Perspektive auf den Menschen Friedrich Hölderlin und seine Lebensgestaltung in der zweiten Lebenshälfte gehen. Dabei interessiert uns insbesondere, wie es ihm gelungen ist, nach seinen schweren seelischen Krisen wieder einigermaßen zu genesen.

Hölderlin als Experte in eigener Sache

Der Ausgangspunkt unserer Überlegungen sind Hölderlins Selbstdarstellungen in Briefen an Freunde und Familie. An vielen Stellen gibt der Dichter Auskunft über sein Selbstverständnis, seine psychische Befindlichkeit und gesundheitliche Situation. Allerdings endet diese Selbsterforschung in der Korrespondenz nahezu vollständig ab 1802 nach der Rückkehr aus Bordeaux (GONTHER, REINECKE 2019, S. 122 ff.). Aus der zweiten Lebenshälfte fehlen dann – mit Ausnahme des letzten Briefs an die Mutter – fast alle brieflichen Selbstreflexionen von Friedrich Hölderlin, wohingegen uns seine Gedichte mehr und mehr als oft sehr direkte Mitteilungen seiner Selbstreflexion entgegentreten (SCHLIMME, BRÜCKNER 2017, S. 176 ff.).

Interpretationen dichterischer Werke als Selbstauskunft sind natürlich mit Vorsicht zu genießen. Sie sind sogar bei explizit autobiografischen Mitteilungen immer vom Autor bearbeitete Erzählungen erinnerter Ereignisse. Dies gilt noch viel mehr bei allen anderen literarischen Formen. Zwar schöpft der Autor immer aus seiner eigenen Erfahrung, nutzt Erlebtes und bezieht sich auf Ereignisse, die er durchlebt hat oder die ihm anderweitig bekannt oder vertraut sind. Aber er verarbeitet sie, dreht und wendet sie, macht sie seinem literarischen Projekt Untertan. Eine direkte Gleichsetzung von literarischem Produkt und gemachter Erfahrung ist somit unmöglich. Gar nicht kann man die literarischen Produkte darüber hinaus als Belege für psychopathologische oder gar diagnostische Überlegungen verwenden. Dies war insbesondere im letzten Jahrhundert ein beliebter Taschenspielertrick der Psychiater (siehe das Kapitel ab S. 19). Auch Hölderlin hat seine poetische Arbeit als selbstsorgende Technik eingesetzt; zumindest für die Turmzeit ist dies mittlerweile unstrittig (OESTERSANDFORTH 2006; EMMERICH 2010; BLANKENBURG 1983). Mit Ulrich GAIER (2014) sind wir zudem überzeugt, dass Dichten für Hölderlin Zeit seines Lebens immer auch selbstsorgende Technik war.

Zunächst gilt es, unseren eigenen Ansatz zu reflektieren. Denn auch wir werden, wie bereits angedeutet, einige von Hölderlins späteren Gedichten als Mitteilungen über dessen Befinden und Empfinden interpretieren. Die Frage ist also: Was ist unser interpretativer Zugang? Die Antwort ist klar: Unser Zugang ist hermeneutisch. Mit Hans-Georg Gadamer (1960) nehmen wir an, dass alle Verständigung immer in einem Vorverständnis ruht, das den Rahmen des Verstehens abgibt. Ein geradezu klassisches Vorverständnis ist das Klischee des umnachteten Genies im Turm, das wir hinter uns lassen müssen, wenn wir uns dem Menschen Friedrich Hölderlin nähern wollen. Erst dann können wir versuchen, den Menschen und seine Lebenswelt weitgehend zu verstehen. Dies ist zwar niemals vollständig möglich, aber insbesondere im direkten Gespräch können wir Menschen einander oft gut verstehen, auch über kulturelle und historische Grenzen hinweg. Jedoch ist uns das direkte Gespräch mit Hölderlin, in dem wir klärende Rück-

und Verständnisfragen stellen könnten, nicht möglich. Stattdessen müssen wir die Gesprächsebene und damit unser Verständnis sekundär erschließen. Dieser Aufgabe widmet sich die Hölderlinforschung. Es gibt Handbücher und sorgfältig editierte Gesamtausgaben seiner Werke und Hinterlassenschaften sowie sekundäre Texte zu ihm. Das ersetzt natürlich nicht die eigene Hölderlinlektüre. Insbesondere ersetzt es nicht, das eigene Vorverständnis als ein solches zu erkennen und anzuerkennen. Hierzu war zunächst die Verabschiedung des Klischees des umnachteten Genies im Turm notwendig. Doch damit ist es nicht getan. Schließlich haben wir diese Verabschiedung aus einem bestimmten Verständnis heraus unternommen. Beispielsweise dem, dass wir eine grundsätzliche Sinnhaftigkeit und Verständlichkeit Hölderlin'scher Äußerungen aus der Turmzeit annehmen. Ja mehr noch: Wir sind nach mittlerweile fast zwei Jahrzehnten Auseinandersetzung mit Hölderlins Turmzeit überzeugt, dass Hölderlin auch in seiner Turmzeit weiterhin einen sehr klaren Blick auf den Menschen hatte und diesen auch klar und deutlich mitteilte. Aber ist das überhaupt gerechtfertigt? Genau dies gilt es im Folgenden nachzuweisen. Geben wir also Hölderlin das Wort.

Briefliche Selbstbekundung (bis 1802)

Das Material, worin Hölderlin über seine Gesundheit Auskunft gibt, ist umfangreich und kann hier nur stichprobenartig behandelt werden. Zu nennen ist der Trennungsbrief an Louise Nast, wahrscheinlich vom 25. April 1789: »[...] und du wirst dann erst einsehen, dass du mit deinem mürrischen, mismutigen, kränkelnden Freunde nie hättest glücklich werden können. Sieh! Louise! Ich will dir meine Schwachheit gestehen. Der unüberwindliche Trübsinn in mir [...]« (HÖLDERLIN 1975–2008, Bd. 19, S. 97).

Aufschlussreich ist auch der Brief vom August 1797 an Friedrich Schiller, geprägt von Ambivalenz: »Sie sagen, ich sollte Ihnen näher seyn [...]. Aber glauben Sie, daß ich dennoch mir sagen muß, daß Ihre Nähe mir nicht erlaubt ist? [...] So lang ich vor Ihnen war, war mir das Herz fast zu klein, und wenn ich weg war, konnt ich es gar nicht mehr zusammenhalten. Ich bin vor Ihnen, wie eine Pflanze, die man erst in den Boden gesetzt hat, man muß sie zudeken am Mittag. Sie mögen über mich lachen; aber ich spreche Wahrheit« (HÖLDERLIN 1975–2008, Bd. 19, S. 289 f.).

Ähnlich tief an Selbsterkenntnis wirkt der Brief an Christian Ludwig Neuffer von August 1798: »Ich werde sagen, dass ich mich nicht recht verstanden habe, wenn hienieden mir nichts trefliches gelingt. Uns selber zu verstehn! das ist's, was uns emporbringt!« (HÖLDERLIN 1975–2008, Bd. 19, S. 319).

Die beiden Briefe an Casimir Ulrich Boehlendorff von 1801 und 1802, verfasst direkt vor der Reise nach Bordeaux und nach der Rückkehr von dort, zeigen Hölderlin unmittelbar vor seiner schwersten Lebenskrise und danach im Zustand der Rekonvaleszenz. Im ersten Brief nimmt er noch sehr traurig und ängstlich Abschied: »Aber sie können mich nicht brauchen« (ebd., S. 493). Im zweiten Brief hingegen herrscht ein distanzierter Ton: »Es war mir nöthig, nach manchen Erschütterungen und Rührungen der Seele mich festzusetzen auf einige Zeit, und ich lebe indessen in meiner Vaterstadt« (ebd., S. 499).

Von den vielen ausführlichen Schreiben voller Selbstreflexion und -kritik an Freunde, Verwandte und an seine Mutter ist noch der letzte Brief an sie von 1826 hervorzuheben. Es ist der einzige Brief aus seiner Zeit bei den Zimmers am Neckarufer, den er mit vollem Namen unterzeichnete: »Verzeihen Sie, liebste Mutter / wenn ich mich Ihnen nicht für Sie / sollte ganz verständlich machen / können. // [...]« (ebd., S. 550). Unmittelbar vor ihrem Tod fasst er in wenigen Sätzen sein Lebensproblem nochmals in Worte: Er kann sich ihr nicht verständlich machen, erkennt dies und bedauert es gerade auch im Hinblick auf seine sich um ihn sorgende und ihn einengende Mutter.

Selbstauskunft im dichterischen Werk bis 1806

Neben der Selbstauskunft in seinen Briefen, die nur im jeweiligen Kontext interpretiert werden sollten, hat sich Hölderlin in seinen Werken in der ersten Lebenshälfte mit dem Weg des schwärmerischen Jünglings zu entweder Ruhm oder Wahnsinn oder beidem beschäftigt (KURZ 1979, S. 186–198; SCHLIMME 2010). So heißt es am Ende der ersten Strophe von »An die klugen Ratgeber« aus dem Jahre 1796: »Laßt immerhin, ihr Ärzte, laßt mich leben, / solang die Parze nicht die Bahn verkürzt« (HÖLDERLIN 1975–2008, Bd. 2, S. 254). Und in der Mitte der vierten Strophe: »Das Irrhaus wählt ihr euch zum Tribunale, / Dem soll der Herrliche sich unterzieh'n [...]« (ebd., S. 256). Im späteren, von Hölderlin mit vorbereiteten romantischen Emblem von »Genie und Wahnsinn« lebt die von Homer und Platon überlieferte Idee des göttlichen Wahnsinns weiter, dass die Tiefe der Einsicht nur in diesem »beflügelten«, vom irdischen Leib befreiten Seelenzustand möglich sei (PLATON 2006, S. 245 ff.). Bei Hölderlin ist diese Erfahrung jedoch prekär und gefährlich. Oder, wie Hölderlin es in »Brod und Wein« an zentraler Stelle formuliert: »Nur zuzeiten erträgt die göttliche Fülle der Mensch« (HÖLDERLIN 1975–2008, Bd. 6, S. 218). Letztlich, so diese These, sind wir ein zu schwaches Gefäß, das durch die göttliche Fülle gesprengt wird.

Vermittels seiner Protagonisten Hyperion, Empedokles und der Antigone des Sophokles sowie in seinen theoretischen Schriften sucht Hölderlin den Umgang mit den Fragen des göttlichen Wahnsinns. Der Auftrag des Dichters, das Scheitern seiner Ideale, der Tod der Geliebten; das alles sind nachvollziehbare Gründe für Verzweiflung. Auch mit der Möglichkeit des Suizids lässt Hölderlin bereits den Hyperion umgehen. So heißt es im zweiten Band, im langen Brief an Bellarmin, der am Anfang auch Hyperions Schicksalslied enthält, nach dem Tod seiner geliebten Diotima (HÖLDERLIN 2004, Bd. 6, S. 161):

> »Ach Notara! Auch mit mir ists aus; verlaidet ist mir meine eigene Seele, weil ich ihrs vorwerfen muß, daß Diotima todt ist, und die Gedanken meiner Jugend, die ich groß geachtet, gelten mir nichts mehr. Haben sie doch meine Diotima mir vergiftet!
> Und nun sage mir, wo ist noch eine Zuflucht? – Gestern war ich auf dem Aetna droben. Da fiel der große Sicilianer mir ein, der einst des Stundenzählens satt, vertraut mit der Seele der Welt, in seiner kühnen Lebenslust sich da hinabwarf in die herrlichen Flammen, denn der kalte Dichter hätte müssen am Feuer sich wärmen, sagt' ein Spötter ihm nach.

O wie gern hätt' ich solchen Spott auf mich geladen! Aber man muß sich höher achten, denn ich mich achte, um so ungerufen der Mutter Natur ans Herz zu fliegen, oder wie du es sonst heißen magst, denn wirklich! Wie ich jetzt bin, hab ich keinen Nahmen für die Dinge und es ist mir alles ungewiß. Notara! Und nun sage mir, wo ist noch eine Zuflucht?«

Selbstauskunft
zur Behandlung im
Tübinger Klinikum

Über Hölderlins eigenes Verständnis seiner Behandlung ist mit Ausnahme der folgenden durch Wilhelm Waiblinger überlieferten Worte Zimmers nichts bekannt: »In Zorn und Convulsionen gerieth er gleich, wenn er jemand aus dem Klinikum sah« (WAIBLINGER 1981, S. 35). Wie ist dieses Schweigen zu deuten? Schließlich lag die alte Burse des Tübinger Stifts, in der die Klinik seinerzeit untergebracht war, vielleicht siebzig Meter die Straße rauf vom Zimmer'schen Haus entfernt.

Auch soll ihn Justinus Kerner, der eine mutmaßlich negative Rolle des studentischen Gehilfen in der Behandlung spielte, noch zuweilen besucht haben. Wobei zu vermuten ist, dass sich diese Worte auch auf Kerner bezogen haben (HÖLDERLIN 1975–2008, Bd. 9, S. 272). Wieso hat Hölderlin alles gemieden, was ihn an die Klinik erinnerte? Wieso brach er in Wut und Ärger aus, wenn er jemanden von dort sah oder auf der Straße traf?

Nehmen wir die Worte Zimmers ernst und – wir greifen vorweg – bedenken wir die traumatische Qualität der Behandlung, so können wir zumindest eine psychologisch schlüssige Erklärung entwickeln: posttraumatische Belastung. Menschen erinnern sich oft unwillkürlich und mit Schrecken an traumatische Ereignisse – genau das macht sie traumatisierend. Der Schrecken, oft verbunden mit Schock, innerer Schutzwand und Ohnmacht, zuweilen aber auch mit Angst, innerer Panik und Wut, entspricht oft der Emotion, die die betreffende Person in der traumatisierenden Szene erlebt hat. Hölderlin jedenfalls geriet in Wut, wenn er direkt erinnert wurde. Das ist eine gute Weise des Umgangs mit den traumatisierenden Erlebnissen, insbesondere dann, wenn man sie in der Situation umsetzen kann, ohne sich und andere zu verletzen. So gesehen wird er

– absichtlich oder unabsichtlich – alles vermieden haben, was ihn an die dramatischen Kliniksituationen erinnert hätte. Mitarbeiter der Klinik oder auch bestimmte Orte dürften als Trigger ganz vorn auf der Vermeidungsliste gestanden haben. So wäre es beispielsweise interessant zu wissen, ob er den Anblick der Burse vermied und die Bursagasse nur in Richtung Neckarbrücke beschritt. Jedenfalls lag sein Zimmer zum Neckar und damit von der Burse weg. Doch dies sind Feinheiten, die allenfalls weitere Hinweise geben würden. Eigentlich reicht das Wort des Schreinermeisters Zimmer, um Hölderlins eigene Einschätzung der Behandlung zu kennen: Sie war ein Desaster.

Dichterische Selbstauskunft 1807 und bis 1816

In der Zeit nach der Behandlung in den Clinischen Anstalten in der Bursagasse, dem Tübinger Universitätsklinikum, gibt es eine Schaffensphase, in der Hölderlin ein selbstreflexives »lyrisches Ich« sprechen lässt. Nach den Zeugnissen seiner Vertrauenspersonen in der »Zimmerei« am Neckarufer scheint er in den Jahren bis 1816 zunehmend ruhiger, nach einer schwereren körperlichen Erkrankung 1812 sowie der Geburt von Lotte Zimmer 1813, die ihn seitdem zeitlebens intensiv und nah begleiten soll, auch schaffenskräftiger und seltener lethargisch. In dieser Zeit entsteht in einfachen Reimen der womöglich auf Schillers gleichnamiges Gedicht antwortende »Spaziergang«. Darin zeigt sich eine Distanz zu sich selbst (als lyrisches Ich) und ein Kompromiss zwischen der Distanz zu anderen Menschen und dem Versuch, eine sprachliche Verständigung mit ihnen zu finden und ihnen zu erklären, wieso es dem

so unverständlich Scheinenden eigentlich ganz verständlicherweise
so geht und gehen muss.

Der Spaziergang

Ihr Wälder schön an der Seite,
Am grünen Abhang gemalt,
Wo ich umher mich leite,
Durch süße Ruhe bezahlt
Für jeden Stachel im Herzen,
Wenn dunkel mir ist der Sinn,
Den Kunst und Sinnen hat Schmerzen
Gekostet von Anbeginn.
Ihr lieblichen Bilder im Tale,
Zum Beispiel Gärten und Baum,
Und dann der Steg der schmale,
Der Bach zu sehen kaum,
Wie schön aus heiterer Ferne
Glänzt einem das herrliche Bild
Der Landschaft, die ich gerne
Besuch' in Witterung mild.
Die Gottheit freundlich geleitet
Uns erstlich mit Blau,
Hernach mit Wolken bereitet,
Gebildet wölbig und grau,
Mit sengenden Blitzen und Rollen
Des Donners, mit Reiz des Gefilds,
Mit Schönheit, die gequollen
Vom Quell ursprünglichen Bilds.
(HÖLDERLIN 1975–2008, Bd. 9, S. 76)

Hier gelingt es Hölderlin mit einfachen Worten, die Leser auf diesen Spaziergang und damit seinen Lebensweg mitzunehmen. Verstehen wir den »Schmerz« und den »Stachel im Herzen« als die fundamentale Unsicherheit und Irritation, die im Verlust der Selbstverständlichkeit durch die schweren seelischen Krisen erfahren wird, so erweist sich Hölderlins »Spaziergang« als präzise Darstellung eines recht weitreichenden Genesungsprozesses nach einer Psychoseerfahrung (zu unserem Verständnis von Psychoseerfahrung vgl. SCHLIMME, BRÜCKNER 2017; GONTHER 2017, S. 233 ff.). Wir wissen, dass diese rückblickende Interpretation mit Vorsicht zu genießen ist – aber sie könnte und sollte anderen psychoseerfahrenen Personen Mut machen.

Zu weit geht hingegen eine einfache Parallelisierung von Leben und Gedicht. Genau dies tut Safranski in seiner ansonsten lesenswerten Biografie (SAFRANSKI 2019). Für ihn »leiern« Hölderlins Gedichte der zweiten Lebenshälfte »wie eine Spieluhr allgemeine Weisheiten herunter«, wobei »dem augenblicklichen Natureindruck zugewandt [...] Schönheiten gelingen« (ebd., S. 277 f.). Nachdem er Hölderlins poetische Arbeit auf diese eher herabwürdigende Weise eingeführt hat, zitiert er einzelne Sätze eines Gedichts aus der zweiten Lebenshälfte (ebd., S. 278):

Über dem Stege beginnen Schaafe
Den Zug, der fast in dämmernde Wälder geht

[...] Da auf den Wiesen auch
Verweilen diese Schaafe [...]

Gewässer aber rieseln herab und sanft
Ist hörbar dort ein Rauschen den ganzen Tag.

Vor dem Hintergrund der vorigen Ausführungen zu Hölderlins Verhalten und Sprechen in seiner zweiten Lebenshälfte entsteht beim Leser unwillkürlich das eindrückliche Bild eines Gangs in die Dämmerung, eines bescheidenen Aufenthalts auf Wiesen am Gewässer, das den ganzen Tag hörbar an einem vorbeirauscht. Dies ist das Bild einer geistig umnachteten Person, die einfältig am rauschenden Wasser lebt – Hölderlin, geistig umnachtet im Turm am Neckarufer. Safranski beweist hier sein enormes poetisches Geschick, indem er scheinbar Hölderlin sein eigenes Schicksal beschreiben lässt, Leben und Gedicht sprachmächtig parallelisiert.

Dabei ist es mehr als zweifelhaft, dass dieses vermutlich 1810 und nicht, wie Safranski schreibt, 1823 entstandene Gedicht – von der Form her eine alkäische Ode – Hölderlins eigenes Geschick darstellen soll. Es gibt durchaus Texte aus dieser Zeit, die das tun. Vielleicht gehört der »Spaziergang« dazu. Aber gerade diese Ode? Nichts spricht dafür, dass die Schafe verkappte oder verzauberte Menschen sind, dass sie Menschen symbolisieren, dass es sich gar um Hölderlin selbst handelt. Stattdessen spricht alles dafür, dass hier ein griechischer Natureindruck aus Hyperions Welt für den Leser erfahrbar gemacht wird. Dies teilt auch Safranski indirekt mit, wenn er schreibt, dass Hölderlin in den Gedichten »Schönheiten« gelingen. Aber die Ode bietet mehr als die Vermittlung einer ästhetischen Naturerfahrung. Denn Hölderlin leitet die Szenerie mit den Schafen und dem Wald, der Wiese und dem Bach mit den folgenden Sätzen ein:

Wenn aus dem Himmel [...]

[...] den Menschen eine Freude kommt,

[...] Wie lacht das Herz in Liedern die Wahrheit an
Daß Freudigkeit an einem Bildniß

Damit ist klar, dass Hölderlin hier eine aufs Göttliche hin geweite-
te Naturerfahrung vermittelt. Es geht um das »Bildniß«, und Hölderlin schreibt dazu das Lied. Denn tatsächlich gelingt es ihm in
der Ode, diese Erfahrung dem Leser zugänglich zu machen. Nichts
ist hier dunkel oder verdunkelt, nichts umnachtet oder gar »ge-
spenstisch«, wie Safranski sagt. Im Gegenteil: Die Menschen leben
achtsam in dieser Landschaft. Sie bemerken das Besondere, wie die
beiden Schlusssätze des Gedichts mitteilen:

Die Orte aber in der Gegend
Ruhen und schweigen den Nachmittag durch.

Durch die erzwungene Parallelisierung von Gedicht und Lebenssituation verpasst Safranski das Wesentliche dieser Ode: die Aufmerksamkeit auf das Mehr, das über uns Menschen Hinausgehende, das Offene und Göttliche, welches die Menschen »in der
Gegend« haben. Aber er verpasst leider auch das Wesentliche
dieser Lebensphase Hölderlins. Dies ist bedauerlich, da er so das
Klischee des umnachteten Dichters im Turm bedient, obwohl er
doch mit seiner Biografie Hölderlin aus seiner lebensgeschichtlich
gewachsenen Unsicherheit abseits einer Politisierung und Psychiatrisierung verstehen will. Mehr noch: Safranski geht es darum,
uns Hölderlins Werk in seiner »vollendeten Gestalt« zugänglich
zu machen. Wir finden diesen Anspruch richtig. Gerade an dieser
Ode hätte er dies zeigen können, diese Aufmerksamkeit auf das
über unseren Verstand hinausgehende, das Offene, das Göttliche:
»Die Götternacht, von der Hölderlin spricht, die gibt es wirklich

heutzutage, hierzulande. Deshalb ist Hölderlin uns, bei aller My-
thisierung oder gerade auch wegen ihr, ferngerückt. Erreicht er uns
noch, und erreichen wir ihn? Schön wäre es« (SAFRANSKI 2019,
S. 307).

Selbstauskunft in Briefen
an die Mutter 1807–1828

Die erhaltenen Briefe von Hölderlin aus der Zeit ab 1807 sind
ausschließlich an Familienmitglieder gerichtet: 61 an die Mutter
(zwischen 1812 und Ende 1827/Anfang 1828, vierteljährlich und
wohl nicht immer ganz freiwillig verfasst und den Abrechnungen
Zimmers beigelegt), sechs an die Schwester (1826/1827 und 1829)
und einer an den Halbbruder (1823). Sie sind meist recht kurz und
in einem geradezu unterwürfigen, extrem steifen und gestelzten Stil
an die »verehrungswürdigste Mutter« von ihrem »gehorsamsten
Sohn« geschrieben. Oft beendet er die Briefe bereits nach wenigen Zeilen mit Formulierungen wie: »Ich muß abbrechen.« Nur
ungefähr ein Viertel der Briefe enthält persönliche Mitteilungen.
Dennoch dokumentieren diese Briefe Hölderlins Wunsch zum Gespräch und Miteinander mit seiner Familie. So bittet er zuweilen
um Antwortschreiben oder spricht mögliche Besuche in sehr all-
gemeiner Weise an: »Ich hoffe, Sie bald zu sehen.« Nur in drei
Briefen nach 1823 spricht er einen möglichen Besuch in Nürtingen
konkreter an. Jedoch hat es keine Besuche gegeben. Wenn Hölderlin Gegenstände von hohem emotionalem und potenziell konflikt-
haftem Gehalt anspricht, wirkt seine Ausdrucksweise unsicher:

> »Ich bitte um Vergebung, daß ich mich Ihnen so unrüksicht-
> lich habe mitgeteilt. Sich mit sich selbst zu beschäftigen ist

40

eine Bestimmung, welche, so ernst sie erscheinen kann, doch den Geist des Menschen zur Hülfe hat, und der Anlagen des menschlichen Herzens wegen, zur Milde im menschlichen Leben und auch so ferne zur höherer Empfänglichkeit beitragen kann. Ich muß noch einmal um Vergebung bitten, indem ich abbreche« (1. Brief an die Mutter, vermutlich 1816, HÖLDERLIN 2004, Bd. 12, S. 68).

Der erste Brief an die Mutter nach fünf Jahren des Schweigens ist datiert auf den 15. September 1812. Er lautet:
»Verehrungswürdige Mutter! Ich habe die Ehre Ihnen zu bezeugen, dass ich über den von Ihnen empfangenen Brief recht erfreut seyn musste. Ihre vortrefflichen Äußerungen sind mir sehr wohltätig, und die Dankbarkeit, die ich Ihnen schuldig bin, kommt hinzu zu der Bewunderung ihrer vortrefflichen Gesinnung. Ihr gütiges Gemüt und Ihre so nützlichen Ermahnungen sind niemals ohne Äußerung, die mich erfreut wie sie mir nützlich ist. Das Kleidungsstük, das Sie hinzugesetzt, ist mir auch sehr gut. Ich muss mich beeilen. Ich wäre so frei, mehreres hinzuzusetzen, wie nämlich solche Aufforderungen zu ordentlicher Aufführung meinerseits, wie ich hoffe, wirksam seyn und Ihnen angenehm seyn sollen. Ich habe die Ehre, mich zu nennen Ihren ergebensten Sohn Hölderlin« (ebd., S. 52).

Im Jahr 1823 setzt eine bedeutende Veränderung mit dem Versuch ein, mit der Mutter über persönliche Probleme und Gefühle zu reden. Der Dialog mit der Mutter hingegen dauert bis zu ihrem Tod an, durchsetzt von unpersönlichen Schreiben, wie: »Die

Pflichten, die Menschen sich schuldig sind, zeigen sich vorzüglich auch in einer solchen Ergebenheit eines Sohnen gegen seine Mutter« (HÖLDERLIN 2004, Bd. 12, S. 77). In den Briefen an seine Mutter erschrecken uns die häufig sehr distanziert wirkenden Höflichkeitsformeln. Besondere Beachtung verdient allerdings sein letzter Brief an die Mutter vor deren Tod. Aus diesem Schreiben lässt sich deutlich ablesen, wie intensiv auch von Hölderlins Seite die Beziehung noch war:

> »Verzeihen Sie, liebste Mutter! Wenn ich mich Ihnen nicht für Sie sollte ganz verständlich machen können. Ich wiederhole Ihnen mit Höflichkeit was ich zu sagen die Ehre habe. Ich bitte den guten Gott, dass er wie ich als Gelehrter spreche, Ihnen helfe, helfe in allem und mir. Nehmen Sie sich meiner an. Die Zeit ist buchstabengenau und allbarmherzig. Indessen Ihr gehorsamer Sohn Friedrich Hölderlin« (Datierung des Briefes vermutlich erste Februarhälfte 1828, HÖLDERLIN 2004, Bd. 12, S. 120).

Dichterische Selbstauskunft im hohen Lebensalter

Hölderlin war auch in seinen spätesten Lebensphasen nach 1837 dichterisch aktiv. Dies verwundert wenig, denn gelernt ist gelernt. Christian Oestersandforth schreibt bei diesen spätesten Gedichten von »diätetischer Lyrik« (OESTERSANDFORTH 2006), Wolfgang Emmerich von »Sorge um sich« (EMMERICH 2010) und Wolfgang Blankenburg von »Selbsttherapie« (BLANKENBURG 1983). Dies zeigt übrigens, dass sich Literaturwissenschaftler und Psychiater einig sein können, wenn sie vom Betreffenden her verstehen wollen. Sowohl Oestersandforth als auch Emmerich, ähnlich wie vor ihnen Jakobson und Lübbe-Grothues, weisen auf die Meisterschaft in der Einhaltung lyrischer Regeln selbst in den einfachsten Werken dieser Zeit hin. Betrachten wir das kurze Gedicht »Aussicht«, das vermutlich 1841 entstanden ist (HÖLDERLIN 2004, Bd. 12, S. 200). Zu dieser Zeit war Hölderlin 71 Jahre alt.

Aussicht

Der offne Tag ist Menschen hell mit Bildern,
Wenn sich das Grün aus ebner Ferne zeiget,
Noch eh' des Abends Licht zur Dämmerung sich neiget,
Und Schimmer sanft den Glanz des Tages mildern.

Oft scheint die Innerheit der Welt umwölkt, verschlossen,
Des Menschen Sinn, von Zweifeln voll, verdrossen,
Die prächtige Natur erheitert seine Tage,
Und ferne steht des Zweifels dunkle Frage.

Mit Unterthänigkeit
d. 24ten Merz 1871   Scardanelli

Das Gedicht bringt im ersten Vers tatsächlich eine Aussicht aus einem Fenster oder von einem Berg auf eine grüne Ebene zum Ausdruck, die am hellen Tag viel erkennen lässt. Die zweite Strophe bringt das Thema der Aussicht auf die hell glänzende und schöne Natur in Zusammenhang mit den Aussichten, die man im Leben als Mensch nun einmal hat. Der Mensch ist sich selbst oft nicht durchsichtig, Zweifel plagen ihn. Er versteht sich selbst und seine Lebenssituation bzw. seinen Stand und Sinn in der Welt (genial zusammengefasst im Begriff »Innerheit der Welt«) nicht und ist bedrückt, vielleicht sogar resigniert. In solchen Momenten hilft die Aussicht auf die prächtige Natur: Sie erheitert den Menschen, und für einen Moment vergisst er seine Zweifel und eigene Undurchsichtigkeit. Dies drückt eine alltägliche Erfahrung des Menschen aus, die auch Hölderlin nur zu gut kennt und mit der es als Mensch im Laufe des Lebens umzugehen gilt. Dies trifft insbesondere im Alter zu. Und zwingt uns der Hinweis auf die Abenddämmerung in der ersten Strophe nicht dazu, diesen Zusammenhang angesichts der siebzig Jahre des Autors zu sehen?

Das Gedicht ist selbstverständlich komponiert. Es ist im Stile einer sapphischen Strophe angelegt, benannt nach der berühmten griechischen Dichterin Sappho. Eine sapphische Strophe hat vier Zeilen. Jede Zeile besteht aus einem fünffüßigen Elfsilbler mit einem Daktylus in der Zeilenmitte. Ein Daktylus wird im Deutschen gebildet aus einer betonten (»—«) und zwei nachfolgenden unbetonten Silben (»‿‿«). Hölderlins Nachname wäre also beispielsweise ein Daktylus: »Höl-der-lin«: —‿‿. Den Abschluss der sapphischen Strophe bildet ein fünfsilbiger Vers, auch Adoneus genannt. Fasst man dies schematisch zusammen, so sieht es wie folgt aus:

—‿|—‿|—‿‿|—‿|—‿
—‿|—‿|—‿‿|—‿|—‿
—‿|—‿|—‿‿|—‿|—‿
—‿‿|—‿

Wenden wir dies auf das Gedicht an, zeigt sich: Hölderlin hat sorgfältig gearbeitet, sich aber nicht strikt an die Form gehalten. Dies gilt vor allem für den fehlenden Daktylus in der Mitte der Zeile.

Ist das dichterische Freiheit oder Unvermögen? Hatte Hölderlin es gar im Alter vergessen? Dafür spricht nichts; Vergesslichkeit wird von den Zimmers nicht berichtet. Zudem ist es selbst für einen befähigten Dichter wie Hölderlin unwahrscheinlich, dass er ein solches Gedicht mal eben so in einer Minute runterschreibt. Viel wahrscheinlicher ist, dass er es zumindest im Kopf längere Zeit bedacht hat, sonst wäre die Komposition sicherlich noch freier. Insofern nehmen wir an, dass es sich um künstlerische Freiheit im Interesse der inhaltlichen Aussage handelt.

Aussicht

Der offne ǀ Tag ist ǀ Menschen ǀ hell mit ǀ Bildern,	*(11 Silben)*
Wenn sich das ǀ Grün aus ǀ ebner ǀ Ferne ǀ zeigt,	*(11 Silben)*
Noch eh' ǀ des Abends ǀ Licht zur ǀ Dämmerung ǀ sich neiget,	
	(13 Silben)
Und Schimmer ǀ sanft den ǀ Glanz des ǀ Tages ǀ mildern.	
	(11 Silben)
Oft scheint ǀ die Innerheit ǀ der Welt umǀwölkt, verǀschlossen,	
	(13 Silben)
Des Menschen ǀ Sinn, ǀ von Zweifeln ǀ voll, verǀdrossen,	
	(11 Silben)
Die prächtige ǀ Natur erǀheitert ǀ seine ǀ Tage,	*(13 Silben)*
Und ferne ǀ steht des ǀ Zweifels ǀ dunkle ǀ Frage.	*(11 Silben)*
Mit Unterthänigkeit	*(6 Silben)*
d. 24ten Merz 1871 Scardanelli	*(4 Silben)*

Es fällt auf, dass der zweite Fuß in der zweiten Zeile der zweiten Strophe, in der es um den Sinn des menschlichen Lebens geht, unvollständig erscheint. Wenn man den »Menschen« nicht trennen

45

will, steht der »Sinn« allein und ohne zweite Silbe. Eine beabsichtigte Leerstelle? Ist doch die Innerheit der Welt dem Menschen verschlossen, wenn er den Zweifel nicht momenthaft in der Naturerfahrung oder vergleichbaren Erfahrungen der sich uns eröffnenden Geborgenheit in der Welt zur Seite stellt.

Auch das Pseudonym »Scardanelli« im Adoneus gibt Rätsel auf. Natürlich könnte es schlicht ein verrückter Einfall sein, der nicht nur, wie alle Einfälle, passiv erlitten wurde, sondern auch in vollkommener Sinnlosigkeit unter den Text gesetzt wurde. Dies wäre eine Erklärung, die für einen geistig umnachteten Hölderlin im Turm spräche. Angesichts der Komposition und inhaltlichen Aussagekraft des Gedichts ist sie aber auszuschließen. Warum sollte Hölderlin ernsthaft von sich annehmen, Scardanelli zu heißen und in der Zukunft zu leben? Es gibt verschiedene Interpretationen: Ist es ein Anagramm, ein durch Buchstabenumstellung gewonnenes Wort aus dem eigenen Nachnamen, wie Jakobson vermutet: »-lderlin« (1234567) »rdanelli« (42-73156) (JAKOBSON 1976, S. 31 ff.)? Ist es ein Hinweis auf einen Verlust eigener Mitte und Individualität, indem Hölderlin das italienische »s.[ine] corde« (= »ohne Herz«) fortentwickelt, wie Lübbe-Grothues mutmaßt (LÜBBE-GROTHUES 1983, S. 108)? Oder ist es gar das Spiel mit seiner sozialen Rolle, die er in Tübingen hatte und zumindest teilweise auch mit Absicht spielte? Dies nimmt zumindest Ute Oelmann an, wenn sie darauf verweist, dass das italienische Wort »scardassare« (= »Wolle kämmen«) zur damaligen Zeit eine Tätigkeit bezeichnete, die Wahnsinnige in den Arbeitshäusern häufig ausführten, vergleichbar dem deutschen Wort »spinnen«. Oelmann bringt noch eine weitere Möglichkeit ins Spiel: Eventuell ist es auch ein Hinweis auf Molières kriecherische Komödienfigur »Sganarell«; wobei es unklar ist, ob Hölderlin Molières Komödien überhaupt kannte (OELMANN 2002, S. 407).

Warum sollten nicht verschiedene Aspekte in diesem Pseudonym zusammenspielen? Eine ganz besondere, distanzierte und zugleich sozialkritische Sicht auf die eigene soziale Rolle in Tübingen als angeblich stets geistig umnachteter, von vielen zugleich spöttisch belächelter und nicht mehr ernst genommener früherer Dichter? So gesehen bietet das Pseudonym einen Schutz für den Autor dieser inhaltsschweren Zeilen, deren Sinn sich jedoch dem Kenner der antiken griechischen Dichtung sicher eröffnen wird. Schließlich erkennt dieser sofort die Komposition und muss daraus annehmen, dass das Gedicht etwas Sinnvolles mitteilt. Und das tut es ja auch. Es zeigt eine Einsicht, die auf dem Boden verschiedener Schicksalsschläge und Krisen erwachsen ist: Der Sinn unseres menschlichen Daseins kann immer nur in besonderen Momenten als unzweifelhaft erlebt werden. Auf diese gilt es erinnernd zurückzugreifen – in schwierigen Zeiten, wenn wir durch die Last des Lebens bedrückt sind, an allem und damit auch an der Sinnhaftigkeit unseres Daseins zweifeln. Hölderlin formuliert hier eine zeitlose Altersweisheit, die zu seinen Lebzeiten ebenso sehr gilt wie in der Zukunft: Eine Rückkehr in die göttlich versicherte Sinnhaftigkeit unseres Daseins wie zu griechischen Zeiten ist für uns Menschen – und auch für Hölderlin – seit der Aufklärung unmöglich. Dies ist Hölderlin klar gewesen, wie bereits seine frühen philosophischen Texte aus der Jenaer Zeit 1794/95 zeigen. Ist dies vielleicht der Grund, warum er sein Pseudonym Scardanelli aus der Zukunft sprechen lässt? Um anzuzeigen, dass die in der Ode formulierte

Einsicht sowohl zum Zeitpunkt des Niederschreibens als auch in Zukunft für uns Menschen gültig sein wird? Wir wissen es nicht. Doch in der Tat ist es egal, ob einem Menschen diese seit Hölderlins Zeit mögliche Einsicht in die Struktur unseres menschlichen Daseins im Jahre 1841, 1871 oder 2020 mitgeteilt wird. Sie gilt seither.

Vertrauenspersonen über ihr Miteinander mit Hölderlin

Die Quellenlage nach Mitteilung von Angehörigen und Freunden an Hölderlin bzw. über ihn an Dritte ist vielschichtig. Für eine Auswahl sollten die Autorinnen und Autoren unseres Erachtens Hölderlin gut gekannt und über längere Zeit im Leben begleitet haben. Dabei wechseln die Lebensverhältnisse in den Jahren 1798 bis 1807 in rascher Abfolge, bis Hölderlin ab 1807 zu einem ständigen Aufenthalt im Hause des Tübinger Schreinermeisters Ernst Zimmer findet. Manche Vertrauenspersonen bleiben in den Jahren bis 1806 an seiner Seite, keine jedoch über das Jahr 1806 hinaus. Seit 1807 finden sich jedoch neue Vertrauenspersonen, die mit dem veränderten Menschen Friedrich Hölderlin ein eigenes und vom vorherigen Leben abgesetztes Miteinander aufbauen.

Letztlich bleibt vor allem die Mutter als Kontaktperson bis zu ihrem Tode 1828 erhalten, wobei der Kontakt nach seiner Abreise zu Sinclair in Homburg 1804 spärlich und nicht mehr durch Dokumente belegt ist. Zwischen 1802 und 1806 sind uns keine Briefe Hölderlins an seine Mutter überliefert, obwohl sie ihrerseits schrieb. Die Briefe ab 1812 wirken distanziert, oft formelhaft, teilweise in dieser Art nicht ganz ernst gemeint. Besuche der Mutter in Homburg bzw. später in Tübingen vom nicht weit entfernten Nürtingen sind nicht mehr überliefert. Möglicherweise kam es noch zu Begegnungen mit Eberhardine Blöst. Sie war eine entfernte Verwandte und in der Zeit 1802 bis 1804, als Hölderlin bei seiner Mutter in Nürtingen lebte, seine Freundin, möglicherweise Geliebte, die später seinen Halbbruder Karl Gok heiratete (HAYDEN-ROY 2011, S. 288 ff.).

Wir gehen nun die Perspektive der Angehörigen und Vertrauenspersonen entlang einer kurzen Skizze der jeweiligen Lebensverhältnisse durch.

1802–1804

Ende September 1798 verlässt Hölderlin nach knapp drei Jahren das Haus Gontard und damit auch die von ihm verehrte und geliebte Susette Gontard (= Diotima) und deren Kinder, für die er Hofmeister bzw. Hauslehrer gewesen ist. Er könnte bleiben; es ist keine Entlassung, sondern eine Flucht. Flucht vor dem Konflikt, vor Susette und den Gefühlen und Sehnsüchten in ihrer Gegenwart. Hölderlin flieht ins nah gelegene Homburg, wo sein Freund Isaac Sinclair, mit dem er schon in Jena im Frühjahr 1795 eine kurze Zeit in einem Gartenhaus zusammengewohnt hat, seit 1796 als Regierungsrat tätig ist. Hier bezieht er eine kleine Wohnung am Ende der Haingasse, unweit des Schlosses, in Richtung hinüber zu den Audenwiesen und dem Hardtwald. Nach eineinhalb Jahren flieht er Mitte 1800 auch von dort, obwohl Sinclair ihn halten will. Nach kurzen Aufenthalten in Nürtingen und Stuttgart tritt er weitere Hofmeisterstellen an: zunächst in Hauptwil/Schweiz und dann 1802 in Bordeaux. Aber auch von hier flieht er jeweils, kehrt durch ein von Krieg gezeichnetes Frankreich zu Fuß über Paris nach Württemberg bis zur Mutter nach Nürtingen zurück und begleitet im September 1802 Sinclair und den Homburger Landgrafen Friedrich V. Ludwig für etwa zwei Wochen auf deren Reise zur Reichsdeputation nach Regensburg. Auf der Heimreise fährt er über Würzburg und besucht Schelling. Ebenfalls zu nennen ist der Briefwechsel zwischen Isaak von Sinclair und Hölderlins Mutter Johanna Christiana Gok. Daraus sei exemplarisch zitiert aus dem Brief der Mutter an Sinclair vom Dezember 1802: »u. zu seiner entschuldigung muß ich laider sagen, daß seine Gemüths Stimmung eben laider noch nicht gut, u. da er dieses selbst fühlt, wollte er eine Besernheit abwarten, [...] aber laider scheint sich eben diese Beserung zu verzögern« (zit. n. HÖLDERLIN 1975–2008, Bd. 9, S. 244).

Mit der Veränderung in Hölderlins Auftreten beschäftigt sich auch Friedrich Wilhelm Joseph Schelling im Brief an Georg Friedrich Wilhelm Hegel vom 11. Juli 1803: »Der traurigste Anblick, den ich während meines hiesigen Aufenthalts gehabt habe, war der von Hölderlin. Seit seiner Reise nach Frankreich [...] – seit dieser fatalen Reise ist er am Geist ganz zerrüttet [...]. Sein Anblick war für mich erschütternd [...]« (zit. n. HÖLDERLIN 1975–2008, Bd. 9, S. 245). Diesen »verkommenen geistigen Zustand« (zit. n. HÖLDERLIN 2004, Bd. 11, S. 18) sah Schelling auch in den 1804 veröffentlichten Übersetzungen der Sophoklestragödien »Oedipus der Tyrann« und »Antigonä« dokumentiert. In der Tat haben Hölderlins Übersetzungen eine hohe Eigenständigkeit gegenüber den Ursprungstexten. Die Umformungen folgen seinen Grundideen zu diesen Dramen und seinem Anspruch, den Text für den deutschsprachigen Leser seiner Zeit zum Klingen zu bringen. Es handelt sich also um eine Mischung aus Übersetzung und Neudichtung – für bilinguale Leser wie Schelling sicher eine verstörende Herausforderung. Schließlich muss sich der Leser den Text und damit Hölderlins Lesart dieser Tragödien mithilfe der umfangreichen und erläuternden mitveröffentlichten Anmerkungen zu den Übersetzungen erschließen.

1804–1806

Über das ganze Jahr 1803 hinweg wirbt Sinclair darum, dass Hölderlin nach Homburg kommt. Es geht um einen Rückzugsort, eine Oase abseits des literarischen Trubels und der Notwendigkeit, wiederholt Hofmeisterstellen anzunehmen, sowie wohl auch darum, die Pfarrerlaufbahn gegenüber der Mutter wirksam zu erledigen. Im Mai 1804 konkretisiert sich der Plan: Hölderlin soll am Homburger Landgrafenhof als Bibliothekar angestellt werden. Die Bezahlung von 200 Gulden pro Jahr übernimmt Sinclair aus seinen eigenen Bezügen. Im Juni 1804 fährt Sinclair nach Stuttgart, um Hölderlin abzuholen. Am 26. Juni 1804 kommt Hölderlin in Homburg an. Er nimmt zunächst Wohnung am unteren Ende der Dorotheenstraße bei dem französischen Uhrmacher Calame. Schließlich wird der Aufenthalt wegen seines Tobens dort unmöglich, und er zieht zu einem Landsmann in die Haingasse, nahe seiner ersten Wohnung in den Jahren 1798–1800.

Sinclair führt – teilweise in Hölderlins Gegenwart – folgenreiche verschwörerische Gespräche mit Gleichgesinnten in den Fragen der württembergischen Landstände. Folgenreich deshalb, weil diese Gespräche nach einer Anzeige im Februar 1805 zur mehrmonatigen Arretierung Sinclairs führen und Hölderlin selbst in Verdacht gerät, an Umsturz- und Attentatsplänen beteiligt gewesen zu sein. Sinclair ist häufig abwesend und hat auch zunächst einen anderen Favoriten: Alexander Blankenstein, der ihn schließlich in einen Hochverratsprozess und längeren Gefängnisaufenthalt in Württemberg zieht. Dabei ist die Rolle Hölderlins in diesem Hochverratsprozess eher nebensächlich. An dieser Stelle setzt Bertaux ein, unterstellt Hölderlin Schauspielerei bezüglich seiner psychischen Auffälligkeit: »Irrsinn als Maske, Irrsinn als Schutz, das hat Hölderlin von Hamlet lernen können: Hamlet gesteht seiner Mutter, aber ihr allein, er sei nicht verrückt, er stelle sich nur so, er sei mad in craft, aus List wahnsinnig« (BERTAUX 1978, S. 133). Er zitiert die Aussage Sinclairs gegenüber der Mutter Hölderlins, es handele sich beim Zustand seines Freundes Hölderlin weniger um eine echte Gemütsverwirrung als um eine »aus wohl überdachten Gründen angenommene Äußerungsart« (ebd., S. 134).

Unseres Erachtens spricht aber vieles dafür, dass Friedrich Hölderlin mit seiner nebensächlichen Rolle in den Verschwörungen tatsächlich für die Ermittler psychisch auffällig genug war, um nicht länger an seiner Vernehmung zu arbeiten. Dies zeigen andere Aussagen Sinclairs, die über den Oberlandesgerichtsrat Wucherer aus Württemberg überliefert sind. Dieser ermittelte nämlich zu der Zeit in der Angelegenheit, um seitens des Konsistoriums ein Gratial, also eine Art Erwerbsunfähigkeitsrente auf Lebenszeit, zu bewilligen. Er berichtet dem Konsistorium am 5. März 1805 (ebd., S. 138):

»Der Freund des von Sinclair M. Hölderlin aus Nürtingen
befinde sich zu Homburg seit dem Monat Juli vorigen Jahrs.
Seit einigen Monaten seie derselbe in einen höchst traurigen
Gemütszustand verfallen, so daß er als wirklich Rasender
behandelt werden müsse. Er rufe beinahe unausgesetzt: Ein
›Ich will kein Jakobiner sein, fort mit allen Jakobinern! Ich
kann meinem gnädigsten Kurfürsten mit gutem Gewissen
unter die Augen treten‹. Der Herr Landgraf wünschen, daß die
Auslieferung dieses Menschen, wenn bey der Untersuchung
die Sprache von ihm werden sollte, umgangen werden könnte.
Wenn man solche aber nötig finden sollte, so müsste der
Unglückliche ganz und auf immer übernommen und versorgt
werden, weil demselben in diesem Fall die Rückkehr nach
Homburg nicht mehr gestattet werden könne«.

In diesen Äußerungen wird erkennbar, wie sehr Hölderlin durch
seine Auffälligkeiten von seiner Umwelt als Belastung wahrgenom-
men wurde. Es erscheint wenig nachvollziehbar, dass dies alles nur
vorgespielt gewesen sein könnte.

Sinclair schreibt am 6. August 1804 an Hölderlins Mutter,
»daß das was Gemüths Verwirrung bei ihm scheint, nichts
weniger, als das, sondern eine aus wohl überdachten Gründen
angenommene Äußerungs Art ist« und dass dieser Meinung
mit ihm sechs bis acht Personen in Homburg sind, »die
seine Bekanntschaft gemacht haben« (zit. n. HÖLDERLIN
1975–2008, Bd. 9, S. 252).

In einem Brief vom 29. Oktober 1805 schreibt die Mutter nach
Homburg:

»Vielleicht habe ich Dir ohne mein Wissen und Willen Veranlassung gegeben, daß Du empfindlich gegen mich bist, und so bitter entgelten läßt, sei nur so gut und melde es mir, ich will es zu verbessern suchen, oder wenn Dir etwas an Deinem Weißzeug oder Kleidungstücke abgehen sollte [...] ich sende Dir anbei ein Wämsele und 4 Paar Strümpf und 1 Paar Handschuh als einen Beweis meiner Liebe und Andenken« (zit. n. HÖLDERLIN 1975–2008, Bd. 19, S. 511).

Im August 1806 wendet sich Sinclair ein letztes Mal, nun mit einer vollkommen anderen Einschätzung, vom Ton her nicht mehr freundschaftlich verbunden, sondern förmlich an die »Hochzuverehrende Frau Kammer Räthinn!«, an Frau Gok:

»Es ist daher nicht mehr möglich, daß mein unglücklicher Freund, dessen Wahnsinn eine sehr hohe Stufe erreicht hat, länger eine Besoldung beziehe und hier in Homburg bleibe, und ich bin beauftragt Sie zu ersuchen, ihn dahier abholen zu lassen. Seine Irrungen haben den Pöbel dahier so sehr gegen ihn aufgebracht, daß bei meiner Abwesenheit die ärgsten Mishandlungen seiner Person zu befürchten stünden, und daß seine längere Freiheit selbst dem Publikum gefährlich werden könnte, und, da keine solche Anstalten im hiesigen Land sind, es die öffentliche Vorsorge erfordert, ihn von hier zu entfernen« (zit. n. HÖLDERLIN 2004, Bd. 12, S. 8).

Am 11. September 1806 wird Hölderlin mit Gewalt in das Autenrieth'sche Klinikum nach Tübingen gebracht. Bei der Verbringung in die Kutsche soll er »Haschierer« gerufen haben (ebd.).

Aus der Sicht Autenrieths muss es einen nachvollziehbaren Vorlauf der Aufnahme gegeben haben. Hierfür sprechen nicht nur allgemeine institutionelle Überlegungen bei einem Klinikum mit allenfalls drei Behandlungsplätzen für »Wahnsinnige«, die ja als üblicherweise belegt angesehen werden müssen, sondern beispielsweise auch die typischen Aufnahmekriterien des Klinikums für »Wahnsinnige«, wie sie durch Autenrieth und Froriep 1809 formuliert wurden. Auch wenn gut zwei Jahre nach Hölderlins Aufnahmezeitpunkt veröffentlicht, ist es keineswegs unwahrscheinlich, dass diese Kriterien bereits zum Zeitpunkt seiner Aufnahme galten. Dabei wäre neben einer vorherigen Aufnahmebewilligung seitens des Klinikums nach vorheriger Anfrage auch eine Absicherung der Behandlungskosten erforderlich gewesen, sei es durch die Familie oder eine andere Kasse (UFFHAUSEN 1985). Zudem kann der finanzielle Aspekt als starker Beleg dafür angesehen werden, dass man nicht einfach ohne allen Vorlauf mit einem »Wahnsinnigen« beim Klinikum vorfahren konnte, um eine Aufnahme zu erbitten.

1806–1807

Vom 15. September 1806 bis 3. Mai 1807 erfolgt die Behandlung im Tübinger Klinikum. Leider ist die Krankenakte verschollen. Insofern gibt es keine Aussagen des behandelnden Arztes Johann Heinrich Ferdinand von Autenrieth über Hölderlins Äußerungen und Verhalten während der Klinikzeit. Allerdings gibt es eine direkte Mitteilung des Mitpatienten Gustav Schoder, der allerdings nicht im selben Krankenzimmer untergebracht ist. Er schreibt an seinen Freund Immanuel Hoch über die Situation in Tübingen und erwähnt dabei auch Hölderlin:

»Uhland studirt izt Schelling, und Kerner hilft dem gefallenen Titanen Hölderlin im Klinikum laxieren und macht ihm
einen bösen Kopf. Dadurch will Autenrieth die Poesie und die
Narrheit zugleich hinausjagen« Gustav Schoder an Immanuel
Hoch aus der Krankenstube des Stifts, datiert mit 3. September 1806 (richtig wohl: 3. Oktober 1806; zit. nach WANDEL
1977, S. 175).

Neben der Aussage Schoders ist einzig das Rezeptbüchlein erhalten. Darin finden sich die Eintragungen zu den Medikamenten, die
Hölderlin in seiner Klinikzeit bekommen hat. Aus diesen wenigen
Informationen und der Kenntnis des Vorgehens Autenrieths bei
»Wahnsinnigen« oder »Maniaci« lässt sich tatsächlich eine Behandlung rekonstruieren, die Hölderlin mit hoher Wahrscheinlich-
keit widerfahren ist (siehe Kapitel ab S. 72; vgl. auch HÖLDERLIN
2004, Bd. 12, S. 16).

1807–1843:
Leben im Hause Zimmer

Am 4. Mai 1807 wird Hölderlin mit der Diagnose »unheilbar« aus
dem Klinikum entlassen. Der behandelnde Arzt Autenrieth gibt
ihm noch drei Jahre zu leben (HÖLDERLIN 1972, Bd. 7.2, S. 314f.,
379f.). Aufnahme findet Hölderlin im Haus des Tischlermeisters
Zimmer. Es liegt mit einem größeren Grundstück in Tübingen am
Neckar, ein »ordentlich-gebautes Haus«, in dem Hölderlin ein
»kleines, geweißnetes, Amphitheatralisches Zimmer, ohne allen
gewöhnlichen Schmuck« im Erker, dem »Turm«, bewohnt. Es bietet eine »lachende Aussicht auf den Fluß« – aus seinen fünf Fens-

tern geht der Blick auf das Steinlachtal, das Neckartal bis hin zur Schwäbischen Alb.

Die Familie besteht aus Ernst Friedrich Zimmer (1772–1838), Schreinermeister und Innungsobermeister, seiner Frau Marie Elisabethe (1774–1849) und ihren drei überlebenden Kindern: der Tochter Christiane Dorothea (geb. 1803), dem Sohn Christian Friedrich (geb. 1806) und Charlotte (Lotte, geb. am 22.11.1813). Zur Hausgemeinschaft gehören Tischlergesellen, -lehrlinge, -gehilfen, Hausbedienstete und Studenten, die zur Miete im Haus wohnen. Die Haltung der Familie Hölderlin gegenüber ist geprägt von Wärme und Festigkeit, von Autorität und von einem weltanschaulichen Standpunkt, der dem im Klinikum vorherrschenden entspricht: bemüht, das »Böse«, »die Beschtie in ihm« zu unterdrücken. Hölderlin – »der Pflegsohn« – findet hier väterliche und mütterliche Obhut, aber keine Seelenverwandtschaft – oder vielleicht nur in seinen späten Lebensjahren mit Lotte Zimmer, die er »heiligste Jungfer Lotte« nennt.

Wichtige Vertrauenspersonen in diesen Jahren sind Ernst und Lotte Zimmer, Wilhelm Waiblinger und Christoph Theodor Schwab. Von ihnen existieren Schilderungen über die Begegnungen mit Hölderlin in den vielen Jahren, die er bei den Zimmers am Neckarufer lebt. Im Folgenden stellen wir eine Übersicht der Jahre vor und geben dann den Vertrauenspersonen mit längeren Zitaten Raum.

Wie bereits in den biografischen Rohdaten dargestellt, ist Hölderlin zeitlebens in der Zimmerei bei guter körperlicher Gesundheit. Einzige Ausnahme ist eine mehrtägige fieberhafte und mit Durchfall einhergehende unklare Erkrankung im Jahre 1812.

Interessanterweise markiert diese körperliche Erkrankung einen Wendepunkt auch in seinem gesamten Befinden. Danach sei Hölderlin ruhiger und zurückgezogener gewesen. Im höheren Alter plagen ihn nachts häufiger Beklemmungsgefühle und ein hartnäckiger Husten, die rückblickend und angesichts des Obduktionsbefundes am ehesten Ausdruck einer Herzschwäche mit einer Lungenstauung sind. Des Weiteren zeigt auch der Obduktionsbefund, dass Hölderlin sonst körperlich gesund war – was im Übrigen auch das Gehirn mit einschließt (siehe S. 92).

Es braucht einige Zeit, bis sich Hölderlin in der Zimmerei eingelebt hat. In den ersten Monaten entzieht ihm Zimmer sogar die Schreibmaterialien, da ihn die Beschäftigung mit der Poesie zu sehr aufregt. Auch muss Ernst Zimmer mehrmals »dem Wütenden tüchtig mit Schlägen imponieren« (WAIBLINGER 2014, S. 43). Dies ändert sich im weiteren Verlauf; Hölderlin lebt sich ein, wird ruhiger und friedfertig gegenüber der Hausgemeinschaft. Fortan wird und bleibt er zeitlebens poetisch aktiv.

Auch beschränkt sich Hölderlin anfangs nicht auf die Hausgemeinschaft, sondern bewegt sich auch durch Tübingen, unternimmt Reisen mit der Postkutsche. Erst ab 1816 begrenzt er sich zunehmend auf das Haus, hat nur noch mit dem ihm lange bekannten Conz gelegentlichen außerhäuslichen Kontakt (WAIBLINGER 2014, S. 45). Ausflüge unternimmt er nur noch mit vertrauten Personen, so beispielsweise später mit Wilhelm Waiblinger auf den Österberg.

Bis zur körperlichen Erkrankung 1812 kommen sowohl intensive Erregungszustände als auch apathische Rückzugsphasen vor. Ernst Zimmer schreibt an Hölderlins Mutter in dieser Zeit:

»Bey Ihren lieben Hölderle, ist eine sehr wichtige veränderung eingetretten, mir bemerkten seit geraumer Zeit eine abnahme seines Körpers ohngeachtet Er einen mehr als gewöhnlichen Apeditt hatte, auch ist er leztes Virtel Jahr ruhiger wie sonst geweßen, war er auch im Paroxismus so Tobte Er nicht sehr, und gwöhnlich wars balde vorüber« (zit. n. HÖLDERLIN 2004, Bd. 12, S. 50).

In den Erregungsphasen ist Hölderlin stets intensiv aktiv, geht auf und ab im Zimmer, im Haus oder im Garten. Zuweilen steht er früh auf oder wandert des Nachts im Zimmer hin und her. Dies kann bis zur Schlaflosigkeit gehen (WAIBLINGER 2014, S. 56). Auch in den ruhigeren Phasen hat Hölderlin »die Hände immer in der Aermel u. spielt mit« (ZIMMER 1997, S. 6) der Weißwäsche und »verreißt auch viel am Bettgewand, weil Er so unruhig schlaft« (ebd., S. 11).

Für Außenstehende ist Hölderlin in dieser Zeit sichtbar krank bzw. »wahnsinnig«, und das nicht nur wegen seines Verhaltens. Auch die »Mien- und Mundverzerrungen«, »die convulsische Bewegung, die durch das ganze Gesicht sich zuweilen vorbereitet, die ihm die Schultern in die Höhe treibt, und besonders die Hände und Finger zucken macht« tragen dazu bei (WAIBLINGER 2014, S. 40). All dies wird bei Erregung noch stärker. Aber auch sein Blick wird als »erloschen«, »irre«, »unstet«, »wirr und wild« beschrieben. All dies ruft bei der Tübinger Bevölkerung Irritation, aber auch Spott und Entwertung hervor. Hölderlin reagiert darauf mit Verärgerung und Wut, was gut nachvollziehbar erscheint. Auf der Straße wehrt er sich, indem er die Spötter mit herumliegenden Pferdeäpfeln bewirft (ebd., S. 43).

In solchen Phasen der Erregung ist ein Gespräch nicht möglich. Dabei gibt es klare Trigger für die Erregungsphasen: Sie können durch bedrohliche Umstände ausgelöst werden, insbesondere durch Personen aus der Klinik, nächste Verwandte oder aufdringlich-unliebsame Besuche (ebd., S. 41 f.). Auch ist er über die Herausgabe und »Korrektur« seiner Gedichte durch andere verärgert und klagt dies an. Manchmal gibt er vor, Personen nicht mehr zu kennen. Nach Abklingen eines Erregungsanfalls ist Hölderlin sich des Geschehenen bewusst, zeigt sich gegenüber der Hausgemeinschaft beschämt und bittet um Verzeihung: »[...] so war er auch immer der erste welcher die Hand zur versühnung Bot« (zit. n. HÖLDERLIN 2004, Bd. 12, S. 161).

Überhaupt ärgert er sich über Eingriffe in seine Gewohnheiten (»nur muß mann Ihm nicht befehlen wollen«), bemüht sich, unliebsamen Störungen und Zudringlichkeiten aus dem Weg zu gehen. Er fürchtet oft um seine Sicherheit und seine gewohnten Verhältnisse und wiederholt dann ständig: »[E]s geschieht mir nichts« (WAIBLINGER 2014, S. 53). Auch treibt ihn oft die Angst um, aus der Pflegefamilie fortzumüssen. Ernst Zimmer fasst dies treffend zusammen: »Nur das Gewohnte konnte ihn in Ruhe lassen« (ebd., S. 56). Insgesamt zieht sich Hölderlin oft zurück, ist »in sich versunken« und »still«. Diese ruhigen Phasen überwiegen. Dann ist ein sinnvoller, typischerweise kurzer Austausch möglich. Jedoch gilt es, aufwühlende Themen zu vermeiden, wie seine Diotima, seinen Aufenthalt in Frankfurt, die Reise nach Frankreich oder berufliche und persönliche Enttäuschungen (ebd., S. 58). Auf Goethes Namen reagiert er abweisend – »Ach, Herr von Goethe« – oder gibt vor, ihn nicht zu kennen (ebd., S. 35). In diesen ruhigen

Phasen arbeitet er oft an Texten. Es entstehen großartige Gedichte, wie »Der Spaziergang« oder »Wenn aus dem Himmel« (siehe S. 36 u. S. 38). Viele Texte sind sicherlich verloren gegangen, da sie nicht systematisch aufbewahrt wurden. Neben dem Dichten liest er viel, oft im Hyperion oder in Klopstocks Oden, und deklamiert mit lauter Stimme allein oder bis etwa 1825 auch vor anderen, »sein Pathos ist groß« (WAIBLINGER 2014, S. 47). Zudem spielt er in den ersten Jahren in der Zimmerei auch vor anderen viel Klavier und singt dazu. Später spielt und singt er nur noch für sich selbst (ebd., S. 47). Auch spielt er Flöte und zeichnet. Und natürlich bewegt er sich durch die Natur, raucht gerne Pfeife oder Zigarre, trinkt Kaffee oder ein Glas Wein mit Genuss (ebd., S. 56 f.).

Ab 1820 steigt das öffentliche Interesse an Hölderlin wieder. Er wird mehr und mehr zu einer Sehenswürdigkeit für Tübinger Studenten und Besucher. Auf diese Besuche reagiert Hölderlin abweisend, zieht sich in das Abfassen von Gedichten zurück, setzt sich »nach wenigen Worten ans Klavier« oder empfängt sie klavierspielend. Oft bedenkt er seine Besucher mit übertriebenen Komplimenten. Zuweilen besteht er darauf, mit seinem Titel »Herr Bibliothekar« angeredet zu werden. Oft spricht er seine Besucher mit den verschiedensten Ehrentiteln an: »Euer Majestät«, »Euer Heiligkeit«, »Exzellenz«, »gnädigster Herr Pater«, »Herr Baron« (ebd., S. 40 ff.). Er begleitet dies mit Verbeugungen und Handküssen oder anderen Bezeugungen von Untertänigkeit und Dankbarkeit. Dabei gibt er, oft hastig und schwer verständlich, »verwirrtes Zeug das mir gar traurig war anzuhören«, »nur Wahnsinn« von sich. Am Anfang der Zeit in der Zimmerei berichten die Besucher von einem Rededrang, von fantastischer, wortgewaltiger Ausdrucksweise, die als »fürchterlich kunterbunter sinnloser Wortschwall« (ebd., S. 48) bezeichnet wird. Teilweise sind »die ersten Worte vernünftig, die anderen fürchterlicher Unsinn« oder »halbvernünftig«. Seine Rede ist von sich wiederholenden Ausdrücken, von Wörtern in Fremdsprachen und dem Besucher oft unverständlichen Wörtern wie »pallaksch« oder »thekla« durchsetzt. Hölderlin verwendet ungewöhnliche Konstruktionen – etwa »Sie befehlen das nicht« statt »nein« und »Sie sagen so, Sie behaupten so!« statt »ja« (ebd., S. 53 u. S. 58). Es gibt Anhaltspunkte für den Gebrauch einer eigenartigen, poetisierten Sprache, möglicherweise von persönlichen Assoziationen bestimmt. Teilweise spricht Hölderlin aber für die ungebetenen Besucher durchaus verständlich. Vieles von diesem Verhalten erscheint wie eine Abwehr und ist sicher auch so zu verstehen. Es ist allerdings eine irritierende und ungewöhnliche Form der Distanzierung, die man üblicherweise anders erwartet hätte. Jedenfalls sind die Besucher irritiert und fasziniert zugleich, was sicher zu seinem Status des Tübinger Besuchermagneten beiträgt.

1807–1838: Ernst Zimmer

Aus dem Jahr 1832, datiert vom 21. Januar, stammt der folgende Bericht von Ernst Zimmer:

> »Hoch geehrtester Herr Oberamtspfleger, es freut mich Ihnen schreiben zu können, daß Ihr Herr Pflegsohn sich recht wohl befindet und auch sonst recht artig und höflich ist. Die Wintertage bringt er meistens am Forte Piano zu, daß ihm viele Unterhaltung gewährt wobei er meistens zu seinem Spiel singt, doch hat sein Gesang das angenehme nicht mehr wie in frü-

heren Tagen. Den ganzen Tag wenn er nicht am Forte Piano sitzt, ist er in unaufhörlicher Bewegung und nur abends vor dem Essen setzt er sich zuweilen ein wenig« (SCHEUFFELEN, WAGNER-GNAN 1989, S. 78–80).

1822–1826:
Wilhelm Waiblinger

Wilhelm Waiblinger (1804–1830) berichtet von seinem fünf Jahre währenden Umgang mit Hölderlin in seinen Tübinger Stiftsjahren 1822–1826. Er ist vermutlich der Einzige, der als Außenstehender über längere Zeit – von 1822 bis 1826, intensiv im Jahr 1823 – mit Hölderlin Kontakt hat, der gewillt ist, eine emotionale Beziehung aufzubauen, und sich nicht von der Krankheit abschrecken lässt. Ab etwa 1822 – in diesem Jahr wird auch der Hyperion neu aufgelegt, in dem Hölderlin nun ständig liest – erwacht dessen Interesse an der Außenwelt, seiner Umgebung und dem Weltgeschehen wieder. Er geht aus, allein oder in Begleitung Waiblingers, der ihn auch dazu bringt, Besuche zu machen, plant Ausflüge und Reisen. Später, insbesondere nach Waiblingers Abreise und nach dem Tod der Mutter, erlischt dieses Interesse wieder. Waiblinger schreibt über die gemeinsame Zeit:

> »Ist er erzürnt oder gereizt, wie z. B. damals als ihm's in den Kopf kam, plötzlich nach Frankfurt zu gehen, so sucht er aus Bitterkeit sich sein Zimmerchen, auf das er die ganze weite Welt reduziert hat, auf einen noch kleineren Raum zu reduzieren, als wie wenn er dann sicherer, unangefochtener wäre, und den Schmerz besser aushalten könnte. Dann legt er sich zu Bett« (WAIBLINGER 2014, S. 70).

»Sein Tag ist äußerst einfach. Morgens, besonders zur Sommerszeit, wo er überhaupt viel unruhiger und gequälter ist, erhebt er sich vor oder mit der Sonne und verlässt sogleich das Haus, um im Zwinger spazieren zu gehen. Dieser Spaziergang währt hie und da vier oder fünf Stunden, so daß er müde wird. Gerne unterhält er sich damit, daß er ein Schnupftuch in die Hand nimmt und auf die Zaunpfähle damit zuschlägt oder das Gras ausrauft. Was er findet und sollte es nur ein Stück Eisen oder Leder sein, das steckt er ein und nimmt es mit. Dabei spricht er immer mit sich selbst, fragt sich und antwortet sich, bald mit ja bald mit nein, häufig mit beidem, denn er verneint gerne« (WAIBLINGER 1981, S. 39 f.; WAIBLINGER 2014, S. 46 f.).

Waiblinger entwickelt mit Hölderlin alltägliche Rituale und Gemeinsamkeiten, die offenbar beiden guttun:

»Womit ich ihn am meisten vergnügte, das war ein hübsches Gartenhaus, das ich auf dem Österberg bewohnte [...]. Hier hat man Aussicht über grüne freundliche Täler [...]. Hier also war's, wo ich Hölderlin jede Woche einmal hinführte. Oben angelangt, und ins Zimmer eintretend, verneigte sich Hölderlin jedes Mal, indem er sich meiner Gunst und Gewogenheit aufs angelegentlichste empfahl. Höflichkeitsfloskeln bringt er allenthalben an, und es ist wirklich oft, als ob er damit geflissentlich jedermann recht ferne von sich halten wollte. [...] Hölderlin öffnete sich das Fenster, setzte sich in seine Nähe und fing an, in recht verständlichen Worten die Aussicht zu loben. [...] Ich versorgte Hölderlin mit Schnupf- und Rauchtabak, an welchem er große Freude hatte. Mit einer Prise konnte ich ihn ganz erheitern, und wenn ich ihm nun gar eine Pfeife füllte, und ihm Feuer machte, so lobte er den Tabak und die Maschine aufs lebhafteste, und war vollkommen zufrieden. Er hörte auf zu sprechen, und wie er sich nun so am besten fühlte, und es nicht gut war, ihn zu stören, so ließ ich ihn, indem ich etwas las« (WAIBLINGER 2014, S. 50f.).

Waiblinger vermutet, dass eine ständige Entfremdung zwischen Hölderlin und seinen Mitmenschen besteht: »Es ist eine unermeßliche Kluft zwischen ihm und der ganzen Menschheit« (ebd., S. 66). Dies dürfte nicht durchgehend der Fall gewesen sein, wie insbesondere sein Verhältnis zu seiner Pflegefamilie zeigt: »Kinder liebt er sehr«, er nimmt bewegt Anteil an der Geburt und am Tod eines Kindes seiner Pflegeeltern (ebd., S. 55). Dennoch ist zuzugeben, dass sich auch in Hölderlins Selbstauskünften aus der zweiten Lebenshälfte eine Distanz zu anderen Menschen findet. Waiblinger überliefert die folgenden aufschlussreichen Zeilen, die er in Hölderlins Papieren fand: »Nun versteh' ich den Menschen erst, da ich ferne von ihm und in der Einsamkeit lebe!« (ebd., S. 61).

Das Miteinander von Hölderlin und Waiblinger ist auch durch Hölderlins Interesse an Waiblinger gestaltet. So erkundigt sich Hölderlin verlässlich nach Waiblingers poetischer Arbeit (ebd., S. 53) und seinen regelmäßigen Reisen nach Italien, Tirol und in die Schweiz. Selbst mitreisen möchte er allerdings nicht:

>»Einmal sagte ich ihm, dass ich nun nach Rom gehen und sobald nicht mehr zurückkehren werde, und lud ihn scherzhaft ein, mein Reisegefährte zu sein. Er lächelte so liebenswürdig verständig, wie nur ein Weiser lächeln kann, und

sagte: ›Ich muss zu Hause bleiben und kann nicht mehr reisen, gnädiger Herr.‹« (ebd., S. 59)

1813–1843:
Lotte Zimmer

Lotte Zimmer (1813–1879) übernimmt nach dem Tod des Vaters 1838 die Kommunikation mit Hölderlins Vormund. Am 20. April 1839 schreibt sie an ihn, den Oberamtspfleger Israel Gottfried Burk:

> »In der Vakanz puzten wir Ihm seine Stube u. sie wurde auch zugleich frisch angestrichen, wo wir Herrn Hölderlin dan in ein Studenten Zimmer einquartirten, Er mußte ungefähr 10 Tage in selbigem verweilen, bis alles im reinen war, es gefiel Ihm da gut besonders weil ein Clavir in diesem Zimmer stand wo Er alle Stund spielte, u. denoch besah Er alle Tage seine Stube u fragte wenn Sie fertig werde, wo er dan wieder einziehen konnte war Er überaus vergnügt, u. zufrieden, daß sein Zimmer so schön geworden sey, u. Bedankte sich sehr davor. Es ist uns jedesmal Angst wen wir ein solches Geschäft vornehmen müßen u. was doch von Zeit zu Zeit nothwendig sein muß, indem es immer eine überredungskunst kostet, bis man Ihn darüber gehörig belehrt hat, weil Er gleich mißtrauisch ist u meint Er müße fort« (ZIMMER 1997, S. 4).

Zwei Monate zuvor, am 28. Januar 1839, schrieb Lotte Zimmer an Burk: »Herr Hölderlin ist wohl u. befindet sich in einem erträglichen Zustand, Herr Hölderlin wurde auch vor einige Tage von einem unserer Haußherrn eingeladen, wo Er die Einladung annahm u sich sehr artig betragen hatte« (ebd.). Doch wenige Tage später, im Brief vom 4. Februar 1839, schreibt sie:

»Herrn Bibliothekar ist gegenwärtig sehr unruhig, die Witterung macht einen ungeheuren Einfluß auf Ihn, es wechselt alle Tage beynah, aber oft ist Er ganz ruhig u. still u. wirklich so böß u. unruhig, daß man sich oft nur genug wundern muß, wie schnell Er sich ändert, sogar deß Nachts steht Er auf u. läuft herum, da sind wir nur froh daß Er die Wämmschen hat, welche Ihm ungemein gute Dienste leisten indem Er Sie Tag u. Nacht anbehält« (ebd., S. 5).

Am 24. Juli 1840 notiert sie über Hölderlins Alltag: »Herrn Bibliothekar befindet sich immer ordentlich. Er steht gewöhnlich Morgens schon um 5 Uhr auf, wo Er zwar einige Stunden recht unruhig ist, den Tag über aber dan ruhig ist Mittags liest Er gewöhnlich in seinem Hyperion, u. Abends läuft Er im Haus oder Gärtle spazieren« (ebd., S. 7). Oder die Schilderung von 1842 an Burks Nachfolger Zeller: »Er befindet sich gegenwärtig wohl, die Hitze hat Ihm auch oft zu schaffen gemacht, da Er oft so bös wurde, daß man Ihm abwehren mußte [...]« (ebd., S. 11). Und noch kurz vor seinem Tod: »Ihr Herr Pflegsohn befindet sich gegenwärtig wohl, Er bleibt sich immer gleich, Sie kennen Ihn aber vielleicht nicht einmal [...]« (ebd., S. 13).

Hölderlin mit 70 Jahren
Wachsrelief von W. Neubert

1841–1843: Christoph Theodor Schwab

In den letzten zwei Lebensjahren wird Hölderlin häufig von Christoph Theodor Schwab besucht und fasst zu diesem Vertrauen. Er ist der Einzige, den er in der zweiten Lebenshälfte, ohne jedoch direkt zu ihm zu sprechen, einmal mit »Du« anredet: »Du verstehst mich doch auch.«

Christoph Theodor Schwab besucht Hölderlin während dessen letzter Lebensjahre regelmäßig im Turm. Sein Tagebuch von 1841 dokumentiert dies (HÖLDERLIN 2004, Bd. 12, S. 177–184). 1846 wird Christoph Theodor Schwab Herausgeber der zweibändigen Ausgabe von Friedrich Hölderlins sämtlichen Werken, für die er 1844 von Cotta den Auftrag erhält (ebd., S. 217). Außerdem wird er als Biograf Hölderlins seinen Platz in der Hölderlingeschichte finden. Besonders deutlich wird die Nähe zu Friedrich Hölderlin in der Trauerrede Christoph Theodor Schwabs vom 10. Juni 1843. Schwab, selbst Anfang zwanzig, schreibt in sehr einfühlsamen Worten über den 73-jährig verstorbenen Dichter:

> »So lebte er, seine momentanen Anfälle abgerechnet, stillen Tage bis zum 73. Jahre fort, umgeben von einer heiteren Natur, aufrechtgehalten durch ein mäßiges, ungestörtes Leben und eine sorgfältige Behandlung, bis ein unerwartet schneller Tod ihn der liebevollen Pflege derer, welche auch in seinen letzten Stunden um ihn waren, entriss« (zit. n. ebd., S. 240 f.).

Zur Frage nach dem Wahnsinn äußert sich Christoph Theodor Schwab zurückhaltend:

»Sehen wir zurück auf diesen schrecklichen Wechsel, auf diese plötzliche Verkehrung des Lichts in Finsternis, auf die lange leere Nacht der Trauer nach dem kurzen Tage der Freude, so erkennt unser menschliches Auge keine Lösung des Rätsels, in uns ist keine Antwort auf die Frage nach diesem Schicksal: ›Wir sind nichts, was wir suchen, ist alles‹ hatte er gesagt und er suchte und rang und rang und verirrte in eine Nacht, aus der ihn keine menschliche Hilfe erlösen konnte [...]« (zit. n. ebd., S. 241).

1792 – 1850:
Gustav Benjamin Schwab

Gustav Schwab wurde zu Lebzeiten vor allem durch eigene Gedichte und bis heute durch die Herausgabe der Sagen des klassischen Altertums bekannt. Für den Verleger Johann Friedrich Cotta besorgte er 1726 die Erstausgabe einer Sammlung von Hölderlingedichten. Gustav Schwab stand im Austausch mit Ludwig Uhland und Karl Gock, Hölderlins Halbbruder (HÖLDERLIN 2004, Bd. 12, S. 211):

»Aus der Mitteilung Gustav Schlesiers, daß Hölderlin in Paris war, erfuhr erst kürzlich Schwabs Sohn (in Tübingen) von ihm. Dieser interessiert sich sehr für ihn, und seit Waiblinger ist wohl niemand Hölderlin so nahe gekommen. Er hat auch schon aus dem vorhandenen Briefwechsel sich biografische Extrakte (auch für ihn, den Vater?) gemacht und gedenkt später wohl auch etwas über Hölderlin zu schreiben.«

So lässt sich gut begründet sagen, dass Gustav Schwab und sein Sohn Christoph Theodor über die Jahre die wohl zuverlässigsten Begleiter und Besucher Hölderlins neben der Familie Zimmer und Wilhelm Waiblinger waren. Aus den sich ergänzenden Perspektiven von Wilhelm Waiblinger, Ernst und Lotte Zimmer sowie Christoph Theodor Schwab ergibt sich unseres Erachtens ein plastisches Bild von Hölderlins zweiter Lebenshälfte.

Ärztliche Aussagen
über Hölderlin

Mit der Behandlung vom 15. September 1806 bis zum 3. Mai 1807 in den Tübinger Clinischen Anstalten an der Bursagasse beginnt zugleich die exemplarisch an Hölderlin geführte medizinisch-psychiatrische Debatte über die Frage, wie psychotisches Erleben verstanden und gedeutet wird. Hierzu wurden und werden immer wieder psychiatrische Begriffe in den Diskurs getragen, die Beschreibungen oder Erklärungen liefern sollen, für andere aber verzerrend und zuweilen provozierend sind. So werden Bezeichnungen wie »Wahnsinn«, »Schizophrenie«, »Melancholie«, »schizophasische Sprachstörung« oder »schizoaffektive Störung«, aber auch viele andere vorgeblich wissenschaftliche Wortschöpfungen in der Funktion von Diagnosen zum Diskussionsgegenstand.

Hölderlins behandelnder Klinikarzt Johann Heinrich Ferdinand von Autenrieth (1772–1835; 1817 in den persönlichen Adelsstand erhoben) diagnostizierte bei Hölderlin wohl eine »Manie als Nachkrankheit der Krätze«, was er als eine chemisch-toxische, d. h. streng körperliche Erkrankung mit teils jahrelangem Vorlauf verstand. Zugleich verknüpfte er die »poetische Denkungsart« mit dem Wahnsinn: »Sind die Narren gebildet, so machen sie einen Roman daraus« (vgl. Schlimme, Gonther 2010, S. 76). Wir nehmen an, dass er sich damit auf Hölderlin bezog. Bringt man beide Konzeptionen in Verbindung, so ist zu vermuten, dass für Autenrieth bereits der Hyperion eine einzige Narretei war. Dem überlieferten Rezeptbüchlein (Hölderlin 2004, Bd. 12, S. 9–11) ist zu entnehmen, dass Hölderlin unfreiwillig mindestens eine mehrwöchige äußerst dramatisch-schmerzhafte, aus heutiger Sicht vermutlich traumatisierende Durchfallbehandlung erleiden musste, die Autenrieth als entscheidende, das Krätzetoxin ausschwemmende und somit wichtigste Behandlung galt (vgl. Schlimme, Gonther 2010, S. 51 ff.). Wir werden dies später noch ausführlicher darstellen.

Festzuhalten ist, dass diese klinische Behandlung einer als wahnsinnig angesehenen Person für damalige Verhältnisse eine Seltenheit und ein Novum war. Tatsächlich entwickelte sich in der europäischen Medizinkultur erst um 1800 eine relevante Behandlungsperspektive für Wahnsinnige. Grundsätzlich galt für den Wahnsinn, was seit der Antike für alle Krankheiten galt: Sie hatten ihren natürlichen Verlauf zu nehmen. Doch es entwickelten sich Ideen, wie man diesen Verlauf auch im Falle des Wahnsinns beschleunigen und beeinflussen könnte. Und so gab es zu Hölderlins Zeiten im württembergischen Herzogtum frisch eingerichtete Behandlungsplätze, drei an der Zahl, allesamt im 1804 auf 15 Plätze erweiterten Tübinger Universitätsklinikum in der alten Burse des Tübinger Stifts.

Eigentlich behandelte man Menschen mit Wahnsinn zu der Zeit überhaupt nicht; sie verblieben in ihrem angestammten sozialen Lebensraum – der Familie oder zumindest ihrer Gemeinde –, wo die Krankheit ihren Verlauf nahm. Wenn sie zur damaligen

Zeit in einem Krankenhaus unterkamen, dann nur, weil sie in der Gemeinde nicht versorgt werden konnten. Dabei ging es nicht um Behandlung, sondern um Versorgung. Oder, im damaligen Sprachgebrauch: Besorgung. Es ging um Zucht und Ordnung, aber auch um Beschäftigung. Das Besorgen der umfassend pflegebedürftigen »Blödsinnigen« und gemeingefährlich »Rasenden« erfolgte dann seit der zweiten Hälfte des 18. Jahrhunderts zunehmend im Ludwigsburger Tollhaus – letztlich zur Entlastung der Familien und Gemeinden (KAUFMANN 1995, S. 138 ff.). 1746 unter Herzog Carl Eugen gegründet und für zwölf Personen eingerichtet, beherbergte es bei einer jährlichen Aufnahme von einer bis zwei Personen und einer normalen Verweildauer von mehreren Jahren im Jahr 1801 bereits 26 Personen. Bei seiner Auflösung infolge der Eröffnung der Irrenanstalt in Zwiefalten im Jahr 1812 waren es 46 (30 Männer, 16 Frauen). Jedoch wurde die Hoffnung auf Genesung mit der Einlieferung ins Tollhaus nicht aufgegeben. Die meisten Insassen blieben nicht dauerhaft; vor allem »unschädliche Blöde« wurden nach einiger Zeit wieder in ihre Gemeinden entlassen.

Ins Tollhaus hätte Hölderlin also, gerade nach der Behandlung im Tübinger Klinikum, aufgrund seiner fehlenden Gemeingefährlichkeit und seiner weitgehenden Selbstpflegefähigkeit gar nicht hineingepasst. Nicht umsonst kam er in eine Familienpflege – die damals übliche Art der weiteren Besorgung, wenn die eigene Familie nicht selbst sorgen wollte oder konnte und der Betreffende nicht wieder ganz gesund war. Und da Hölderlin als ehemaligem Stipendiaten der Tübinger Universität seit dem 12. Oktober 1806 vom Herzog eine großzügige jährliche Unterstützung von 150 Gulden gewährt wurde, waren sowohl die 92 Gulden für die 231 Tage im Tübinger Klinikum als auch die Familienpflege bei der Familie Zimmer ohne jegliches Problem bezahlbar. Vor allem Hölderlins Mutter, aber auch sein späterer Vormund, der Oberamtspfleger Burk, blieben ihm gegenüber knauserig. Und so starb Hölderlin 1843 als reicher Mann, wenn er auch selbst um seinen finanziellen Besitz von 13.000 Gulden nicht wusste.

Letztlich wissen wir wenig über die Behandlung, da nur das Rezeptbüchlein erhalten ist. Wir wissen aber einiges über die Zeit bei der Familie Zimmer. Hierbei handelt es sich um Perspektiven von Vertrauenspersonen, die mit ihm zusammenlebten oder ihn regelmäßig besuchten. Außerdem sind uns Hölderlins seelische Krisen vor der Behandlung durch Vertrauenspersonen überliefert. All dies betrachten wir im Abschnitt zu den Perspektiven der Vertrauenspersonen. Äußerungen von Ärzten zu Hölderlins mentaler Verfassung vor der Behandlung im Tübinger Klinikum sind spärlich; für die Zeit danach fehlen sie gänzlich. Dies ist nicht ungewöhnlich für die damalige Zeit mit ihrem ganz anderen, viel weniger intensiven Versorgungs- und Hilfesystem. Zu erwähnen sind die Ärzte der Familie in Nürtingen (»Daß Traurigste vor mich ist, daß die Arzte mir so wenig Hoffnung machen für Wiedergenesung [...]«, Brief der Mutter an Sinclair 22. Januar 1804, zit. n. HÖLDERLIN 2004, Bd. 10, S. 249) und Dr. Georg Friedrich Karl Müller in Homburg (»Meine Besuche wiederholte ich einige Mal fande den Kranken aber jedes Mal schlimmer, und seine Reden unverständlicher, Und nun ist er, so weit dass sein Wahnsinn in Raserey übergegangen ist, und daß man sein Reden, das halb deutsch, halb griechisch und halb Lateinisch zu lauten scheinet, schlechterdings nicht mehr versteht«, zit. n. HÖLDERLIN 1975–2008, Bd. 9, S. 259).

Zu dieser Zeit lebt Hölderlin auf Einladung seines Jugendfreundes Isaac von Sinclair seit Juni 1804 in Homburg. Nachdem er 1800 aus Homburg geflohen war, ist er aufgrund seiner zunehmend schlechten mentalen Verfassung und seiner Isolation in dichterisch-kultureller und sozialer Hinsicht auf explizite und wiederholte Einladung Sinclairs zurückgekehrt. Er soll sich erholen können von dem Schicksalsschlag des Todes Susette Gontards und von seiner eigentümlichen Bordeauxreise 1802. So wird sein bereits erfolgter, halb freiwilliger, halb unfreiwilliger sozialer Rückzug einerseits getarnt und andererseits positiv gewendet. Sinclair ist zu der Zeit überzeugt, dass Hölderlin gesunden kann. Er selbst holt ihn aus Stuttgart ab, zahlt ihm 200 Gulden für die offizielle Stelle des Hofbibliothekars aus den eigenen Bezügen, die er vom dortigen Landgrafen bekommt. Hölderlin füllt diese Stelle nie wirklich aus. Stattdessen beschäftigt er sich mit verschiedenen literarischen Projekten, die er allesamt nicht abschließt. Zunächst nimmt Hölderlin eine Wohnung am unteren Ende der Dorotheenstraße bei dem französischen Uhrmacher Calame. Schließlich wird der Aufenthalt dort wegen seines Tobens unmöglich, und er zieht 1798 für zwei Jahre zu einem Landsmann in die Haingasse. Die Tarnung ist nicht einfach; Hölderlin scheint aufzufallen. Außerdem wird er in die verschwörerischen Kreise der württembergischen Landstände, die Sinclair seinerseits aktiv um sich versammelt, vermutlich eher passiv hineingezogen. Es geht um das Eintragen der französischen Revolutionsgedanken in die dortigen Staatsstrukturen. Im Februar 1805 wird Sinclair für mehrere Monate festgenommen. Auch Hölderlin gerät in Verdacht, an Umsturz- und Attentatsplänen beteiligt gewesen zu sein. Nach mehreren Treffen zwischen der ermittelnden Person Blankenstein, Sinclair und Hölderlin entsteht dann das ärztliche Gutachten von Dr. Müller aus Homburg vom 9. April 1805 (BERTAUX 1978, S. 135). Daraufhin lassen die ermittelnden Stellen im Hochverratsprozess von Hölderlin ab. Parallel gewährt das Konsistorium das Gratial wegen der beschädigten Gemütsverfassung. Letztlich führt die Begutachtung im Rahmen des Hochverratsprozesses also sowohl zur Gewährung des Gratials als auch zur dauerhaften Entmündigung Hölderlins. Im Spätsommer 1806 wird Hölderlins Aufenthalt in Homburg zunehmend unsicher. Anlass ist einerseits, dass Sinclair selbst nicht mehr in Homburg bleiben kann, andererseits eine zunehmende gesellschaftliche Auffälligkeit Hölderlins. Jedenfalls schreibt Sinclair am 3. August 1806 an die Mutter, doch bitte Hölderlin aufgrund seines Wahnsinns aus Homburg abholen zu lassen. Trotz des Umstands, dass Hölderlin in keiner Weise mehr des Hochverrats verdächtig war, mag ihm selbst die gewaltsame Mitnahme zur Einweisung im September 1806 wie eine Verhaftung vorgekommen sein.

Autenrieth war mit Sicherheit über die Ankunft Hölderlins vorinformiert. Ob dies über Hölderlins damaligen Hausarzt, den Oberamtsphysikus Dr. Planck, erfolgte, ist unbekannt. Planck residierte in Nürtingen; die Mutter könnte ihn kontaktiert und gebeten haben. Hölderlins Krankentagebuch würde hier Auskunft geben, ist aber bekanntlich verloren. Autenrieth jedenfalls plädierte für Ehrlichkeit bei der Krankenhauseinlieferung. Er beschwerte sich in seinen 1806 veröffentlichten »Vorlesungen zur praktischen Heilkunde« über

»die falsche Maßregel der Verwandten, was den Arzt in Verlegenheit sezt, nach welcher sie unter erdichteten Vorwänden ei-

nen solchen Unglücklichen, um während des Transportes kein
Aufsehen zu erregen, in eine solche Kuranstalt locken, und
es dann dem Arzte überlassen, wie er dem Kranken, der sich
betrogen sieht, der glaubt, dem ihm meistens fremden Arzt als
freygebohrene Person kein Gehorsam schuldig zu seyn, und
der sich nicht für krank oder verwirrt hält, seinen Irrthum
benehmen wolle, und einem verwirrten Menschen, über den er
im bürgerlichen Leben keine Gewalt hatte, begreiflich machen,
er müße ihm in allen Stücken gehorchen. Dieses ist das größte
Hinderniß bey der Heilung eines solchen Unglücklichen, der
noch nicht völlig vernunftlos ist, was bey den allerwenigsten
der Fall ist« (AUTENRIETH 1807, S. 202 f.).

Am 13. Juni 1841 schreibt Ferdinand Gottlieb Gmelin in einem
ärztlichen Zeugnis:

»Der Unterzeichnete bezeugt, dass es für H. D. Hölderlin
bei seinen vorgerückten Jahren sehr erwünscht wäre, wenn
er neben der bisherigen regelmäßigen Kost von Zeit zu Zeit
und nach eintretenden Bedürfnissen etwas Wein und in
gewissen Jahreszeiten eine ausgesuchtere, leichter verdauliche
Kost erhielt und hienach das Kostgeld etwas erhöht wird.
Bei dem reizbaren Nervensystem des Kranken lässt sich aber
in dieser Beziehung keine für alle Zeiten und Umstände gültige
Bestimmung vorausgeben« (zit. n. HÖLDERLIN 2004, Bd. 12,
S. 199 f.).

Und derselbe, inzwischen als Professor bezeichnete Ferdinand
Gottlieb Gmelin schreibt am 22. Januar 1842 an den Oberamtspfleger Zeller:

»EW wohlgeboren erhalten hier das Zeugnis über Hölderlin. Derselbe befindet sich immer gleich, und wird von seinen Hausgenossen, die er sehr gern hat, freundlich und liebreich behandelt. Wenn irgend seine Vermögensumstände von der Art wären, daß sie zu einer Unterhaltung nicht ausreichten, so würde ich mir das gütigst Überschickte gern zurückgeben, in welchem Fall ich von Ihnen einen Wink erwarte daß der hier sich aufhaltende M. Hölderlin sich noch immer im geisteskranken Zustande befinde« (zit. n. HÖLDERLIN 2004, Bd. 12, S. 206 f.).

Verständnis und Behandlung des psychotischen Erlebens Hölderlins

Wie aber wurde nun der Wahnsinn zur damaligen Zeit verstanden? Er wurde verstanden als Funktionsverlust des höheren geistigen Seelenorgans, wodurch das niedere tierische Seelenorgan mit den Gefühlen, Trieben und Einbildungen ungefiltert zum Ausdruck im Sprechen, Handeln und Wahrnehmen des Betreffenden gelangte. Der Mensch hatte, so das Menschenbild der damaligen Medizin im Gefolge von Ernst Platner (1744–1818), ein »zweifaches Seelenorgan«, bestehend aus einer geistigen und einer tierischen Seele. Dieser tierischen Seele entsprach das spätere Unbewusste der Romantiker, das wiederum Vorbild für alles Subliminale und Präreflexive der späteren Philosophie und Tiefenpsychologie war. Im damaligen Verständnis war dieses tierische Seelenorgan schlichtweg unvernünftig, emotional und – wie Freud es später formulierte – nicht symbolbildend. Dieses Tierische, Nachtseitige und Romantische blühte auch in der als gefährlich eingestuften Schwärmerei. Es konnte punktuell durchbrechen – in Fantasien oder im triebhaften Tun. Ging der Verstand verloren, so gab es nach diesem Menschenbild kein Halten mehr. Genau dies, so die These zu Hölderlins Zeit, sei im Wahnsinn der Fall. Entsprechend glaubten die Ärzte damals, beim Wahnsinnigen einen ungetrübten Blick auf das Tier im Menschen zu bekommen, auf die innere Nachtseite, auf das Unbewusste.

Autenrieths Verständnis des Wahnsinns

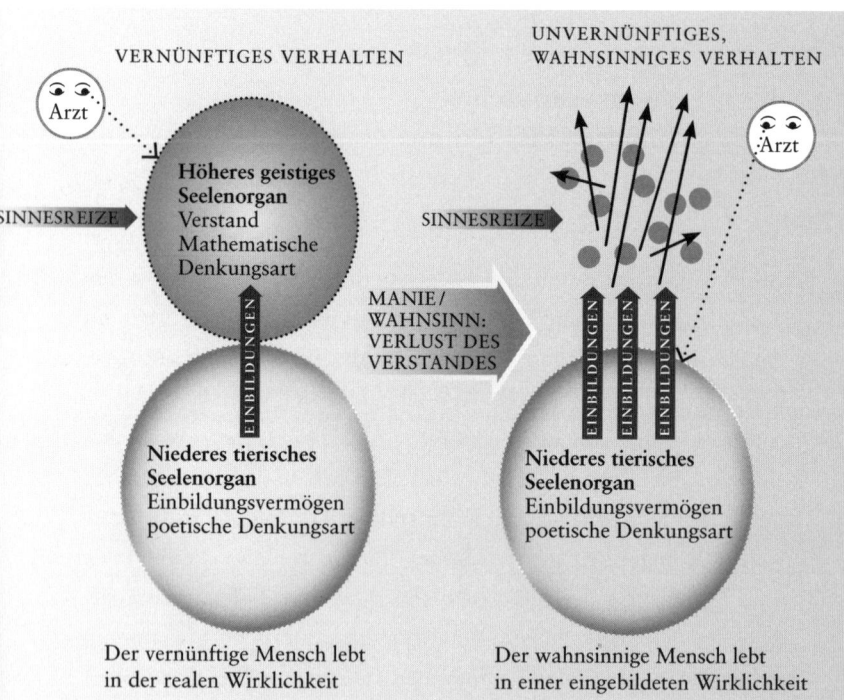

VERNÜNFTIGES VERHALTEN

UNVERNÜNFTIGES, WAHNSINNIGES VERHALTEN

Arzt

SINNESREIZE

Höheres geistiges Seelenorgan
Verstand
Mathematische
Denkungsart

EINBILDUNGEN

MANIE/
WAHNSINN:
VERLUST DES
VERSTANDES

SINNESREIZE

Arzt

EINBILDUNGEN

Niederes tierisches Seelenorgan
Einbildungsvermögen
poetische Denkungsart

Niederes tierisches Seelenorgan
Einbildungsvermögen
poetische Denkungsart

Der vernünftige Mensch lebt
in der realen Wirklichkeit

Der wahnsinnige Mensch lebt
in einer eingebildeten Wirklichkeit

Zwar handelt es sich bei diesem Verständnis des Wahnsinns um eine zur später aufkommenden Romantik und Tiefenpsychologie passende Konzeption; ihr Hintergrund aber war die Aufklärung. Denn es ging ja gerade darum, Einsicht in diese Nachtseite des Menschen zu gewinnen. Die Aufklärung der Regeln und Gesetze dieses noch unverstandenen tierischen Seelenorgans war und ist das Erkenntnisinteresse aller psychologischen und sozialpsychologischen Wissenschaften. Ihre handlungspraktische Umsetzung im Miteinander ist das Ziel von Psychiatrie, Sozialpsychiatrie und Psychotherapie. Aus dieser Zeit stammt das Programm mit der Notwendigkeit, dieses »Innere« in seinen Gesetzmäßigkeiten aufzuklären und Behandlungsmöglichkeiten zu entwickeln, die den Menschen wieder zum vollen Vernunftgebrauch zurückführen.

Hölderlin kam also in medizinhistorisch bewegten Zeiten ins Krankenhaus. Damals vollzog sich ein Paradigmenwechsel, der letztlich Psychiatrie möglich und notwendig machte. Auf der einen Seite stand die antike Vorstellung, dass Krankheiten einen natürlichen Verlauf hatten, den es zu ermöglichen und zu begleiten galt. Behandlung zielte also darauf, diesen Verlauf zu erleichtern und zu beschleunigen. In diesem Sinne verstand beispielsweise Autenrieth »Nachkrankheiten der Krätze«. Auf der anderen Seite stand eine neue Krankheitslehre, die ein radikales Umdenken über Krankheiten und deren Behandlung bedeutete: die Lehre von John Brown (1735–1788). Brown entwickelte ein Verständnis des lebenden Organismus, der sich von der unbelebten Materie durch seine organisch spezifische Reizbarkeit und Reizbeantwortung unterscheidet (vgl. TSOUYOPOULOS 2008, S. 63 ff.). Ein Gleichgewicht von Umwelt- und Körperreizen und Erregbarkeit des Organismus bedeutete Gesundheit; eine Störung des Gleichgewichts – sei es durch Überreizung oder Unterreizung – bedeutete Krankheit. Reize nahmen folglich nur indirekt und unspezifisch Einfluss auf den Organismus, indem sie abhängig von der Reizempfänglichkeit des Organismus (Erregbarkeit) und vom Gleichgewicht an Erregung des Organismus wiederum das Verhältnis von Erregung und Erregbarkeit veränderten und so Krankheiten (mit-)bedingten. So gesehen gab es also nicht nur einen einzigen natürlichen Krankheitsverlauf, sondern verschiedene Verlaufsformen, die wiederum von den Umweltbedingungen (u.a. den einwirkenden Körperreizen) und der Erregbarkeit des betroffenen Organs abhingen. In genau diesem Sinne verstand Autenrieth nun den »pathischen Stoff« der Krätze, die für ihn eine Störung des gesamten Organismus war und vor allem das Gefäßsystem befiel. Dieser körperfremde, krankheitsauslösende »Stoff« machte das Gefäßsystem besonders reizbar, was sich mal in Haut- (=Ausschlag mit Besiedelung durch Milben), mal in Gehirnerscheinungen (=Manie, Wahnsinn) ausdrückte. Die Lösung war einfach: Zunächst galt es, das Krankheitstoxin auszuscheiden. Anschließend musste das Seelenorgan durch entsprechende Reize wieder zur normalen Reizempfänglichkeit gebracht werden, wobei auch der natürliche Verlauf des Wahnsinns seine Rolle spielte. Dieses zweistufige Behandlungsverfahren hat auch Hölderlin durchlaufen.

An erster Stelle stand also die medikamentöse Ausleitung des Toxins. Hierzu galt es, das Toxin aus dem Gefäßsystem durch künstliche Entzündungen im Darm zu sammeln und auszuscheiden, idealerweise über einen blutigen Stuhlgang. Diese erste Behandlungsphase können wir für Hölderlin gut rekonstruieren, da das Rezeptbüchlein überliefert wurde. An anderer Stelle haben wir die Effekte und Wirkungen der verordneten Medikamente rekonstruiert (vgl. Schlimme, Gonther 2010, S. 87 ff., siehe auch S. 118 ff.). Zudem können wir anhand überlieferter Krankengeschichten Autenrieths typisches Vorgehen ableiten. Die Wahnsinnigen wurden im sogenannten Palisadenzimmer eingeschlossen. Dies kann man sich wie ein Zimmer mit einem überdimensionalen Laufstallgitter zum Fenster hin vorstellen. Hier erhielt man Medikamente, gegebenenfalls auch mit Garnen gebunden, wobei die Medikamente in den Mund geschoben wurden. Diese initialen Medikamente, die Hölderlin über einige Tage erhielt, verursachten eine dämmerige Verfassung, vielleicht sogar einen vorübergehenden Dämmerschlaf. Dieser Zustand mag ganz angenehm gewesen sein, wenn man vom Umstand der de facto Gefangennahme absieht. Anschließend bekam Hölderlin über mehrere Wochen Medikamente, die einen heftigen Durchfall mit entsprechendem Unwohlsein und Schmerzen verursachten. Begleitend wurde eventuell eine schmerzhafte offene Entzündung im Nacken angelegt, Autenrieths bevorzugten Ort für diese Prozedur. Die Medikamente wurden nach einigen Wochen auf sogenannte Drastika gewechselt. Die Durchfälle wurden schmerzhafter und sehr wahrscheinlich auch blutig, verbunden mit Darmkrämpfen und -schmerzen.

»Ist nun eine Zeitlang so verfahren worden, und hat man mit mercur entweder allein oder in Verbindung mit äußerl(icher) Entzündung [Autenrieth spricht hier Haarseile oder Blasenpflaster an, J. S. / U. G.] ein Fieber erregt, so sind dan drastica indiziert, namentl(ich) der Gebrauch von Aloe, oder was in solchem Fall ähnlich wirkt, der Gebrauch von hellebor(us) niger, und zwar wurden die Kranken am vollkommensten hergestellt, bei denen dann ohne viel vorausgehendes Laxieren fast sogleich etwas Blut mit den Stuhlgängen kam. In diesen Fällen trat nun aber die Schwäche ein, von der oben schon die Rede war, und die wirklich zuweilen einen gefährlichen Anschein hatte« (AUTENRIETH 1807–1809, zit. n. HESSELBERG 1981, S. 95).

Auf diese Weise leitete Autenrieth – jedenfalls nach seinem Verständnis – das Krätzetoxin aus dem Körper aus, sodass der Wahnsinn seinen natürlichen Verlauf im Seelenorgan nehmen konnte.

Die Eintragung »Spazierengehen« im Rezeptbüchlein vom 21. Oktober 1806 spricht dafür, dass Ausgänge unter der Aufsicht von »hinreichend starken Wärtern« erst knapp sechs Wochen nach Aufnahme erlaubt wurden. Offenbar war Hölderlin im klinischen Blick ruhiger, vielleicht aber auch in Autenrieths Sicht verständiger. Letzteres wird insofern wahrscheinlich, da die Behandlung – wenn sie nach Autenrieths Einschätzung erfolgversprechend verlief – ja eine Zunahme an Verständigkeit nach sich gezogen hätte. Wie bei einer »Selffulfilling Prophecy« wären dann die Ruhe und Verständigkeit als Ausdruck der eigenen Behandlungsmethoden aufgefasst worden. Allerdings kann es sich auch schlicht um eine körperliche Erschöpfung gehandelt haben. Jedenfalls vermuten wir, dass Hölderlin diese Durchfallkuren mehrmals über sich ergehen lassen musste, da er letztlich nicht vollständig gesundete. Nahe legen dies die lange Behandlungsdauer von 231 Tagen, eine Aussage Kerners über eine Verschlechterung des Befindens im Verlauf (siehe S. 88) und der Umstand, dass Autenrieth Hölderlin für unheilbar sterbenskrank hielt und mit der Aussicht auf maximal drei weitere Lebensjahre entließ.

Unsere Rekonstruktion wird übrigens durch die einzige Mitteilung über Hölderlins Befinden während der Behandlung gestützt. Wie wir schon gesehen haben, schreibt Gustav Schoder als Mitpatient indirekt über Hölderlins Behandlung »Uhland studirt izt Schelling, und Kerner hilft dem gefallenen Titanen Hölderlin im Klinikum laxieren und macht ihm einen bösen Kopf. Dadurch will Autenrieth die Poesie und die Narrheit zugleich hinausjagen« (zit. n. WANDEL 1977, S. 175).

Die zweite Behandlungsphase, von der wir gar nicht wissen, in welchem Ausmaß Hölderlin sie tatsächlich in Autenrieths Augen erreichte, orientierte sich an der damals fortschrittlichen »psychischen Curmethode« von Johann Christian Reil. Dies war eine frühe Form stationär-psychosozialer Behandlung, die aus heutiger Sicht eher brutal und streng erscheint. Im Vergleich zum damals üblichen Einsperren bzw. Anketten oder schlichtem Sichüberlassen oder Beschäftigen war sie aber ein erster Ansatz spezifischer psychosozialer Interventionen. Reil fasste seine Methode in dem folgenden Satz griffig zusammen: »So gängeln wir den Kranken, von der untersten Stufe der Sinnlosigkeit, durch eine Kette von Seelenreizen, aufwärts zum vollen Vernunftgebrauch« (REIL 1968, S. 253). Es ist allerdings fraglich, ob dieses Vorgehen immer so gängelnd war, wie wir es uns bei diesen Worten vorstellen. Liest man Reils Texte, so geht es oft eher um Anregungen, wie gemeinsames Musizieren oder Musik hören, gemeinsames Tun oder auch Gespräche. Autenrieth übernahm diese Methode, legte sie aber sehr autoritär aus. Für Autenrieth galt, dass beim Wahnsinnigen das »Sensorium commune« gestört war, wodurch die synthetisch-reflektierende Kraft des Selbstbewusstseins (des Verstandes) erloschen war und der Arzt freien Blick auf die ungefilterte »innere Natur« – das tierische Seelenorgan – des menschlichen Geistes hatte. Er erwartete von seinen Kranken unbedingten Gehorsam, wie er in einer Vorlesung 1812 vortrug:

»In Absicht auf das Psychische beruht die Therapie darinn, während der Narrheit den Menschen gehorsam zu lernen, und so als ein unvernünftiges Thier gleichsam der Vernunft eines andern gehorchen. [...] und das 2te ist, wenn es zur Besserung sich nähert, seine falschen Vorstellungen nach und nach zu untergraben und 3tens, seine schwachen Verstandes Kräfte wie die eines Kindes zu unterstüzen« (AUTENRIETH 1812, zit. n. HESSELBERG 1981, S. 72).

»Giebt er [der Arzt, J. S.] sich nicht bey jedem neuen Kranken wieder die nehmliche Mühe, seinen Eigensinn in jeder Hinsicht zu besiegen, und den Kranken zu überzeugen, seine des Arztes Zwecke werden alle, auch trotz des Sträubens des Kranken erreicht; beschäftigt er sich nicht persönlich mit dem Kranken, um selbst, wenn das körperliche Uebel gehoben ist, die Gewohnheit der Seele, nur unvernünftig zu denken, wieder auszulöschen, und durch Uebung, die durch Unthätigkeit geschwächten Seelenkräfte wieder zu erheben; so kann keine Rede von Wiederherstellung seyn. So wenig ein gänzlich ungezogenes Kind durch sich selbst sich bessert, so wenig entsagt der des Wahnsinns lange Zeit Gewohnte, seinem ihm zur anderen Natur gewordenen Hang zu widersinnigen Einbildung, Trieben und Verstandesäußerungen; selbst nicht, wenn die

den Anfang erregenden körperlichen Ursachen vorüber sind«
(AUTENRIETH 1807, S. 204 f.).

Die drastische Behandlung der Geistesverwirrten im Tübinger
Universitätsklinikum wird im historischen Zusammenhang ver-
ständlich. Denn unter der Annahme einer Entmenschlichung des
Wahnsinnigen bzw. des Verlusts dessen Selbstbewusstseins und
Verstandes sank der Kranke ja überhaupt in den Bereich tierischen
Lebens ab, welches ungehemmt und in eigener guter wie schlechter
Absicht behandelt werden konnte. Dem entspricht, dass auch Autenrieth traditionell und wie zeitgenössisch üblich die Vorstellung
einer Unempfindlichkeit und Gefühlsabstumpfung der »Wahnsinnigen« vertrat (HESSELBERG 1981, S. 138; DÖRNER 1984, S. 30).
Die Schwierigkeit des psychischen Arztes lag ja gerade darin, in
der Behandlung überhaupt erst wieder ein synthetisches Selbstbe-
wusstsein »hervorzugängeln«. Menschliche Äußerungen wie Angst
oder Schmerz zeigten dann, dass menschliches Empfinden wieder
möglich wurde, und wurden demnach als erste Schritte einer Besserung verstanden (vgl. KAUFMANN 1995, S. 302 f.).

Justinus Kerner über Hölderlin: Ärztliche Aussage oder schriftstellerische Erzählung?

Ebenfalls indirekt hat sich der schwäbische Schriftsteller und
Arzt Justinus Kerner (1786–1832) geäußert. Als junger Medizinstudent führte Kerner im Auftrag von Autenrieth die Akten und
organisierte die von Autenrieth angeordnete medikamentöse Behandlung Hölderlins im Tübinger Klinikum an der Bursagasse. Er

ist eine spezielle Quelle zwischen Betroffenheit und professioneller Perspektive: »H. Hölderlin ist noch fast schlim, war heute bey ihm, sprach er da nichts als vom Conflux und anderes verwirrtes Zeug das mir gar traurig war anzuhören« (zit. n. HÖLDERLIN 1975–2008, Bd. 9, S. 264). In einem Brief an Emma Niendorf berichtet Kerner 1844 nicht nur von seiner Aufgabe der Aktenführung, sondern auch von einer sukzessiven Verschlechterung des Befindens Hölderlins in der Behandlungszeit: »Je heftiger solche Anfälle sind, je eher lassen sie nach. Bei Hölderlin war es, als er nach Tübingen kam, doch ganz anders. Ich musste ja damals das Krankentagebuch führen und weiß es wohl noch [...]« (zit. n. HÖLDERLIN 2004, Bd. 12, S. 15 f.).

Ein wichtiger Hinweis auf eine aktive Rolle Kerners ist der bereits erwähnte Brief von Schoder aus dem September 1806, in dem steht: »Kerner hilft dem gefallenen Titanen Hölderlin im Klinikum laxieren und macht ihm einen bösen Kopf [...]« (zit. n. ebd., S. 10). Aber auch der Bericht von Kerners erstem Biografen Aimi Reinhard über die Begegnung mit Hölderlin ist aufschlussreich, beruht allerdings nur auf mündlichen Mitteilungen:

> »[...] so war auch der Verkehr mit ihm, der besonders von Seiten der Studenten ziemlich lebhaft blieb, nichts weniger als gefährlich, und selbst interessant für diejenigen, die sich aus Mitleid häufiger mit ihm abgaben und denen sich Hölderlin meist fügsam wie ein Kind zeigte. [...] So sollte Kerner schon früh das geheimnisvolle Wesen des Wahnsinns kennen lernen, dem er in späteren Jahren einen bedeutenden Teil seiner Tätigkeit zu widmen bestimmt war« (zit. n. HÖLDERLIN 1975–2008, Bd. 9, S. 266).

Auch wenn die Rolle Kerners in der Behandlung u.a. angesichts der dünnen Überlieferung nicht abschließend geklärt werden kann, leuchtet vor diesem Hintergrund dennoch der Hinweis von Dietrich Eberhard Sattler, Herausgeber der Frankfurter Hölderlin-Ausgabe, ein (HÖLDERLIN 1975–2008, Bd. 9, S. 272), dass die Zimmer'schen Worte, die Wilhelm Waiblinger von Hölderlins Reaktionen auf »jemand aus dem Klinikum« überlieferte, (auch) auf Kerner bezogen waren: »In Zorn und Convulsionen gerieth er gleich, wenn er jemand aus dem Klinikum sah« (WAIBLINGER 1981, S. 35).

Während seiner Studienjahre in Tübingen und auch später blieb Kerner von Hölderlin angezogen und fasziniert. So arbeitete er an der Sammlung und Herausgabe von Hölderlins Gedichten und besuchte seinen vormaligen Patienten in der Zimmerei. Vor diesem Hintergrund verwundert es zunächst, dass sich Kerner später nie medizinisch zu Hölderlins Behandlung äußerte. Dies erstaunt umso mehr, da Kerner in anderen Fällen durchaus auskunftsfreudiger war (KERNER 1958). Stattdessen äußerte er sich in eigentümlich literarischer Verarbeitung über Hölderlin.

Wenige Jahre später, 1811, beschreibt Kerner irritierend unverstellt seine Sicht auf die Situation Hölderlins in »Reiseschatten«. Von dem Schattenspieler Luchs erzählt er wie folgt:

»Ich erkannte alsbald in ihm den wahnsinnigen Dichter Holder. Mit wildem Singen kam er durch's Thal her, [...] Ich hatte viel zu schaffen, bis ich Holder dem Gegaffe der Bauern entzogen und in das Wirtshaus gebracht hatte: denn er blieb vor einem Stiefel, so an eines Schusters Haus gemahlt war, stehen, und wollte mit Gewalt den gemahlten Stiefel anziehen« (zit. n. HÖLDERLIN 1975–2008, Bd. 9, S. 273 f.).

Ob diese literarische Übermittlung einen realen Hintergrund hat, darf bezweifelt werden. Jedenfalls sind sonst keine derart verwirrt-desorientierten Handlungen Hölderlins überliefert.

Mit diesen Darstellungen Hölderlins als »wahnsinnigen Dichter Holder« zog Kerner sich, vermutlich zu Recht, den Unmut von Ernst Zimmer zu. Als Pflegevater kannte Zimmer Hölderlin sehr gut und konnte sicher beurteilen, inwiefern er adäquat dargestellt war. Kerner war als vertrauenswürdige Person für Hölderlin vermutlich verbrannt, nachdem er Hölderlin im Klinikum in Autenrieths Auftrag drangsaliert hatte. So gesehen war Kerner nur ein nützlicher Erfüllungsgehilfe, der sich mit seiner Nützlichkeit am Ende auf schmerzhafte Weise selbst im Wege stand. Gleichzeitig fand sich Kerner in einem typischen Dilemma auch späterer Psychiater wieder: Er wünschte sich eine gute Beziehung mit seinem Patienten, hatte aber keine solche mit ihm, da er ihm nicht annehmend und respektvoll begleitend, sondern autoritär im Bewusstsein des Besserwissens begegnete. So sind Kerners Darstellungen literarische Produkte, die vielfältige Aspekte verarbeiten und zugleich als zeitgenössische ärztliche Aussagen gelesen werden können.

Varnhagen van Ense: Beobachtung eines Medizinstudenten oder Unterhaltungsbild?

Der Medizinstudent Varnhagen van Ense lebte während seiner abschließenden Studienzeit ab Herbst 1808 in Tübingen bei Justinus Kerner und besuchte zumindest einmal Friedrich Hölderlin in der Zimmerei. Sehr wahrscheinlich kam er mit Kerner gemeinsam am

29. Dezember 1808 zu Hölderlin. Von diesem einmaligen Besuch fertigte van Ense ein mehrseitiges »Unterhaltungsbild« an, das er viele Jahre später veröffentlichte:

> »Er raset nicht, aber spricht unaufhörlich aus seinen Einbildungen, glaubt sich von huldigenden Besuchern umgeben, streitet mit ihnen, horcht auf ihre Einwendungen, widerlegt sie mit größter Lebhaftigkeit, erwähnt große Werke, die er geschrieben habe, andrer, die er jetzt schreibe, und all sein Wissen, seine Sprachkenntniß, seine Vertrautheit mit den Alten, stehen ihm hierbei zu Gebot; selten aber fließt ein eigenthümlicher Gedanke, eine geistreiche Verknüpfung, in den Strom seiner Worte, die im Ganzen nur gewöhnliches Irrereden sind« (zit. n. HÖLDERLIN 1972, Bd. 7.2., S. 371).

Van Ense ist übrigens der Einzige, der »Einbildungen« oder »fixe Ideen« berichtet. Meinte er damit den von Waiblinger berichteten »fürchterlichen kunterbunten sinnlosen Wortschwall«, den Hölderlin auch gegenüber Waiblinger bei eindringlichen Fragen im Affekt produzierte (WAIBLINGER 2014, S. 48)? Oder meinte er die »unablässigen Selbstgespräche«, über die Waiblinger ebenfalls berichtet? Oder gar die inhaltlichen Auseinandersetzungen, die in diesen ersten Jahren Hölderlin beschäftigt haben sollen: »Der Inhalt ist Erinnerung an Vergangenheit, Kampf mit Gott, Feier der Griechen« (ebd., S. 42)? Dies bleibt unklar. Vermutlich ist es van Enses dramatisierte Darstellung von Hölderlins Selbstgesprächen, in die er sich bei unliebsamen Besuchern zurückzog.

Fest steht, dass van Ense in der Begleitung Kerners den unglücklichsten Einstieg in eine Begegnung nahm, den man sich denken kann. Schließlich war Kerner Hölderlin verhasst. Und fest steht ebenfalls, dass sich Hölderlin der vielen, oftmals ungebetenen Besucher durch sein befremdliches Verhalten mehr oder weniger absichtlich entledigte. Wie Waiblinger treffend zusammenfasste, hielten sich die allermeisten nur kurze Momente bei Hölderlin auf: »Der Fremde wusste ihn nicht zu behandeln« (ebd., S. 41). Es erforderte Ausdauer und eine beharrliche Empathie, sich Hölderlins Vertrauen zu verdienen. Vielleicht wäre dies van Ense gelungen, wenn er ohne Kerner gekommen wäre und es ernsthaft und frisch versucht hätte. Wir wissen es nicht. Neben Ernst und Lotte Zimmer sowie Conz konnten offenbar nur Waiblinger und Schwab Hölderlins Vertrauen in der zweiten Lebenshälfte gewinnen. Kerner und van Ense gehörten jedenfalls nicht dazu. Van Ense erhielt eine durchaus typische, nicht persönlich zu nehmende Abfuhr.

Van Enses Bericht ist insofern eine Mischung aus beobachteter Realität und dramatischer Fiktion, eben ein Unterhaltungsbild für interessierte Leser. So nannte er es übrigens selbst: »Unterhaltungsbilder« betitelte er die Sammlung, in der sich auch der Bericht über den Besuch bei Hölderlin findet. Er ist sicherlich keine Basis, um diagnostische Aussagen zu machen oder sie daran zu illustrieren.

Ärztliche Äußerungen nach Hölderlins Tod

Am 11. Juni 1843, kurz nach Hölderlins Tod, äußert sich der Hausarzt Ferdinand von Gmelin in Tübingen im Brief an Karl Gok über Hölderlins bis zuletzt gute Gesundheit und sein plötzliches Sterben »nach kurzem u. leichtem Todeskampf« (zit. n. HÖLDERLIN 2004, Bd. 12, S. 242). Über die Obduktion schreibt er: »Das

Gehirn war sehr vollkommen u. schön gebaut, auch ganz gesund [...]« (ebd., S. 242). Er erwähnt die Zyste im Cavum septum pellucidum und interpretiert sie als »Ursache seiner 40 jährigen Krankheit« (zit. n. HÖLDERLIN 1975–2008, Bd. 9, S. 437). Aus heutiger medizinischer Sicht besteht dieser Zusammenhang sicherlich nicht. Vielmehr finden sich keinerlei Auffälligkeiten an Gehirnen psychoseerfahrener Personen, die sich mit bloßem Auge erkennen ließen (und bekanntlich auch nicht auf lichtmikroskopischer Ebene).

Fazit: Ein Reiseführer ans Neckarufer

»So nahm der Leser das Fremdartige der zum ersten Mal
in der kurzen und stockenden Geschichte des deutschen Geistes
so unverstellt sich vorwagenden Dichtersprache gerne für die
Spuren des Wahnsinns,
da ja viel mehr der romantische Reiz der Krankheit als die
Kraft des Werkes Hölderlin Leser zuführte
und diese Leser sich am Irrsinn sich erregen nicht vom Werke
wollten ergriffen werden.
[...] und wenn man an Hölderlins Krankheit, dem notwendi-
gen nicht anders denkbaren Abschluss seines Lebens,
etwas bedauern dürfte, so wäre es, daß sie selbst den minder
Stumpfen einen bequemen Vorwand bietet
dort ihm die Folge zu weigern, wo er sein eigenstes, ihnen
freilich fremdes Land, betritt«
(VON HELLINGRATH 1923, S. VIII).

Die Menschheitsthemen »Genie und Wahnsinn« bzw. »Kreativität und Psychose« begleiteten Hölderlin seit dem ersten Tag der
Behandlung im Jahr 1806 durch eine Psychiatrie, die sich gerade
erst formierte. Im Tübinger Universitätsklinikum an der Bursagas-

se zeigten sich viele wechselseitige Verzerrungen und Gesprächsabbrüche zwischen Hölderlin und seinen Mitmenschen. Für viele von ihnen waren diese Schwierigkeiten aber bereits vorher zutage getreten. Geradezu mit Händen greifbar wurden sie dann für alle mit seinem Einzug in das Turmzimmer bei Zimmers am Neckarufer, nur wenige Schritte vom Universitätsklinikum entfernt. Die scheinbar fehlende Verständigung zwischen ihm und den meisten seiner Mitmenschen unterstützte die Entwicklung des Klischees vom umnachteten Genie im Turm.

Dabei hat es diese Verständigung durchaus gegeben, wie sowohl seine Gedichte als auch die Dokumente von Lotte Zimmer und Wilhelm Waiblinger zeigen. Beiden gemeinsam ist, dass sie in Hölderlins zweiter Lebenshälfte über längere Zeiträume mit ihm in Austausch standen, sodass sich eine Beziehung entwickelte, die auch Hölderlin mitgestaltete. Anders als Besucher, die er mehr oder weniger freundlich abwies, kam es mit Lotte Zimmer und Wilhelm Waiblinger zu alltäglichen Begegnungen. In etwas reduziertem Umfang gilt dies auch für Christoph Theodor Schwab, von dem überliefert ist, dass Hölderlin sich in seiner Gegenwart wohlfühlte und ihn mochte.

Wir stehen heute 250 Jahre nach Hölderlins Geburt ebenfalls vor der Herausforderung, wie wir uns mit ihm und über ihn verständigen wollen. Wir haben den Vorteil, seine spätesten Gedichte und die Mitteilungen seiner Vertrauenspersonen in Ruhe lesen und bedenken zu können. Wir können uns an Lotte Zimmer und Wilhelm Waiblinger orientieren, wenn wir wissen wollen, wie wir Hölderlin als Mensch unter Menschen begegnen sollten. Gemeinsames Für-sich-Tun und Für-sich-Denken am gemeinsamen Ort:

»Hölderlin öffnete sich das Fenster, setzte sich in seine Nähe und fing an, in recht verständlichen Worten die Aussicht zu loben. [...] Ich versorgte Hölderlin mit Schnupf- und Rauchtabak, an welchem er große Freude hatte. Mit einer Prise konnte ich ihn ganz erheitern, und wenn ich ihm nun gar eine Pfeife füllte, und ihm Feuer machte, so lobte er den Tabak und die Maschine aufs lebhafteste, und war vollkommen zufrieden. Er hörte auf zu sprechen, und wie er sich nun so am besten fühlte, und es nicht gut war, ihn zu stören, so ließ ich ihn, indem ich etwas las« (Waiblinger, zit. n. HÖLDERLIN 2004, Bd. 12, S. 146).

Hier wird eine unausgesprochene Verständigung über die gemeinsame Situation beschrieben: Es ist einfach gut, wie es ist.

Ein solches Miteinander braucht keine Diagnosen oder Krankheitszuschreibungen. Im Gegenteil: Solche Zuschreibungsversuche verstören. Sie verhindern, dass eine Basis des Miteinanders entsteht, auf der eine heilsame Verständigung über die verstörenden und beirrenden Erfahrungen der krisengeschüttelten Person möglich wird. Und manchmal ist eine solche Verständigung auch nur noch unausgesprochen im gemeinsamen Tun möglich. In psychotischen Krisen ist selbst dies oft schwierig, da das Vertrauen in den anderen vollständig aufgehoben oder sogar ins Gegenteil verkehrt sein kann. Wie gehen wir mit diesem Umstand um? Was haben wir auf dem Weg durch die drei Perspektiven mitgenommen? Dazu stellen wir nachfolgend fünf Thesen auf.

THESE I

Friedrich Hölderlin war psychisch krisenanfällig und wies spätestens ab dem Jahr 1806/1807 psychosoziale Einschränkungen auf. Dafür gab es gute, menschlich nachvollziehbare Gründe, die sich aus seiner Lebensgeschichte und seinen Lebenssituationen erschließen.

Vorweg: Friedrich Hölderlin war körperlich bei guter Gesundheit und erreichte für seine Zeit ein hohes Alter. Er starb an einer akuten körperlichen Erkrankung. Auch der Obduktionsbefund ergab keinerlei Hinweise auf Krankheiten des Gehirns, wie Ferdinand von Gmelin am 11. Juni 1843 an Karl Gok schrieb:

>»Das Gehirn war sehr vollkommen u. schön gebaut, auch ganz gesund, aber eine Höhle in demselben, der Ventriculus septi pellucidi, war durch Wasser sehr erweitert, o. die Wandung desselben ganz verdickt o. fest geworden, nämlich sowohl das Corpus callosum als der Fornix o. die seitlichen Wandungen. Da man sonst gar keine Abweichung im Gehirn fand, so muß man diese, mit der jedenfalls ein Druck auf die edelsten Gehirnteile verbunden war, als die Ursache seiner vierzigjährigen Krankheit ansehen« (zit. n. HÖLDERLIN 2004, Bd. 12, S. 242).

Friedrich Hölderlin hat ab 1802 so sehr unter seinen inneren Konflikten, seiner äußeren Lebenssituation und den traumatisierenden Erfahrungen im Zusammenhang mit der Bordeauxreise gelitten, dass wir von einem seither anhaltenden seelischen Krisenzustand mit mehr oder weniger ausgeprägter Intensität sprechen können. Wir schließen dies insbesondere aus den zahlreichen Schilderungen von Freunden und Angehörigen. Seine psychosozialen Einschränkungen waren so schwerwiegend, dass Hölderlin seitens des Konsistoriums ab 1805 von der Pflicht befreit wurde, eine Vikar- und dann Pfarrstelle anzutreten. Außerdem wurde ihm vom Konsistorium ein Gratial auf Lebenszeit zugesprochen. Damit konnten sämtliche Ausgaben des täglichen Lebens gedeckt werden, auch später für die Familienpflegesituation in Tübingen. Hölderlins Erbe, das erst die Mutter und später ein Vormund aus Nürtingen verwaltete, wurde nicht angetastet. Seine Schwester und sein Halbbruder stritten sich nach seinem Tod, so wie es auch schon Rechtsstreit um das Erbe der Mutter nach deren Tod gegeben hatte. Friedrich Hölderlin war auch in der zweiten Lebenshälfte von 1807 bis 1843 kein armer Irrer. Er starb als reicher Mann, war jedoch entmündigt und ohne Rechte in Bezug auf sein Vermögen, ebenso ohne Verfügung über seine Werke. Es ist anzunehmen, dass er dieser Entmündigung bei voller seelischer Gesundheit einen stärkeren Widerstand entgegengesetzt hätte.

Hölderlin hat diese potenziell brüchige mentale Struktur im Verlaufe seiner Kindheit und Jugend ausgebildet. Diese Krisenanfälligkeit ist immer wieder von verschiedenen Biografen benannt worden. Hölderlin wird als ernsthaft und mutig hinsichtlich geistiger Herausforderungen, aber auch als leicht kränkbar im Miteinander dargestellt. Diese Konstellation kann sich wechselseitig in Spannung setzen, wie Wilhelm Michel in seiner durchaus auch kritikwürdigen Biografie aus dem Jahr 1940 schreibt. Er verweist darauf, dass Hölderlin bereits in seinen frühen Briefen immer wieder besonders tiefe und ernste Aussagen mit existenzieller Qualität – beispielsweise über eigene Sehnsüchte – durch »Selbsteinwürfe« entkräftet, indem er sie etwa als »kindliches Geschwätz« bezeichnet (MICHEL 1940, S. 28). »Ach, wie manchmal hab ich ihm [Schiller] schon in Gedanken die Hand gedrükt, wenn er seine Amalia von ihrem Carl schwärmen läßt –! Du wirst denken, ich sei ein Narr«, schreibt Hölderlin an seinen Freund Immanuel Nast 1787 (HÖLDERLIN 1975–2008, Bd. 19, S. 47).

Michel drückt hier eine durchaus typisch jugendliche Spannung aus, die wir alle kennen. Sie dreht sich um den Wunsch, bei den anderen gut aufgehoben zu sein, obwohl man einige Eigenarten wie beispielsweise bestimmte Sehnsüchte, Wünsche oder Interessen hat, die einem selbst in den Augen der anderen als beschämend erscheinen. Diese uns jugendlich scheinende Spannung bzw. soziale Empfindsamkeit herrschte aus unserer Sicht bei Hölderlin Zeit seines Lebens und wurde immer nur kurzzeitig gelindert.

Es gibt noch weitere Spannungen, die Hölderlins seelische Struktur geprägt haben. Sie betreffen allesamt auch seine Ansprüche an sich selbst als Dichter. Gaier (2014) hat sie aus unserer Sicht treffend zusammengestellt. Er schreibt:

»Was seine Persönlichkeit, sein Dichten und Denken seit der Schülerzeit charakterisierte:

● ein unstillbarer Ehrgeiz, sogar die großen Meister zu überbieten

● ein permanenter Anspruch an sich selbst, Unmögliches zu leisten, wie: in mehreren Logiken gleichzeitig denken, Philosophie aus Poesie entwickeln, Philosophie durch Poesie vollenden, Schönheit kalkulieren, Kunst als lehrbares Handwerk betreiben, den ganzen Menschen durch Sprache ergreifen, ein Kunstwerk durch Korrektur aus seiner Kultur herausheben

- höchste Komplexität und zugleich höchste Popularität wollen
- permanent sich bis zu Überspannung anstrengen
- permanent Selbstreflexion und Selbstanalyse betreiben, selten zur Zufriedenheit.

Frau von Kalb, seine Arbeitgeberin, schrieb an Schiller: ›Und Ruhe, selbst Genügsamkeit – o. Stetigkeit werde doch endlich den Rastlosen! Er ist ein Rad, welches schnell läuft!!‹« (GAIER 2014, S. 30).

Aus unserer Sicht ist besonders der unlösbare Anspruch bedeutend, sowohl »höchste Komplexität und zugleich höchste Popularität« erreichen zu wollen. Solche Ansprüche sind nicht nur unerfüllbar; sie treiben den Betreffenden zu ruheloser Aktivität. Wenn wir auch zugeben, dass Hölderlin diese Ziele in den ersten 36 Lebensjahren erstaunlich erfolgreich verfolgt hat, ist die Gefahr, sich selbst vollständig zu erschöpfen, im Falle solcher 130-Prozent-Ansprüche nur zu naheliegend. Dahingegen muten seine zweiten 36 Lebensjahre geradezu beschaulich und – wenn man von unliebsamen Besuchern absieht – friedvoll an.

THESE II
Es lässt sich retrospektiv keine genaue Diagnose stellen.
Alle Diagnosen sind zeit- und kontextgebunden. Dies gilt
auch für unser Fazit.

Bei sorgfältiger Betrachtung der Datenlage lässt sich keine ewig gültige Diagnose stellen. Stets verweisen die möglichen und weniger möglichen Diagnosen auf ihren prägenden Verständigungskontext zurück: als Behandlungsdiagnose durch Autenrieth (Manie als Nachkrankheit der Krätze), als pathografische Diagnose durch Jaspers (Schizophrenie), Leonhard (Kataphasie) oder Peters (Schizophasie), als antipsychiatrische Diagnose durch Bertaux (geschauspielerte Narretei), als historisch-kritische Erfahrungsbeschreibung durch uns (Psychoseerfahrung) oder Gaier (Melancholie). Diese haarspalterische Unterscheidung der Psychosen ist jedoch sowohl für eine Begleitung der Genesung als auch für ein Verständnis der betreffenden Person nicht notwendig.

Sind wir als Psychiater ehrlich, so gilt dieser Befund der Vorläufigkeit der Diagnose für jeden Menschen sowohl in schweren seelischen Krisen als auch mit anhaltenden psychosozialen Einschränkungen und mühsamem Genesungsverlauf. Auch hier bleibt vieles der Person und ihrer Erfahrung für alle Beteiligten undurchsichtig und im Dunkeln. Diagnosen bleiben unpassend und allenfalls heuristisch hilfreich, um in einen richtigen, d.h. genesungsförderlichen Umgang mit sich selbst und miteinander zu finden. Oft stehen sie dem aber auch im Weg, und wir müssen uns erst von diesen Modellen und Konzepten lösen, um uns als Menschen zu begegnen. Diese Bescheidenheit und Demut fürs Miteinander können wir als Mitmenschen und insbesondere als psychiatrisch Tätige in der Auseinandersetzung mit Hölderlin lernen.

Die Entpsychiatrisierung Hölderlins ist keine Gutwilligkeit durch uns Autoren, sondern eine Hölderlin als Mensch zustehende Selbstentfesselung und Selbstermächtigung auf seinem Weg ans Neckarufer. Auch wir wollen unseren eigenen Weg finden, um die Dinge, die uns wichtig sind, gegen alle Widrigkeiten des Lebens irgendwie zu tun. Auf diesem Weg ans Neckarufer ist uns Hölderlin Vorbild, auch wenn wir einen Reiseführer brauchen, um ihm folgen zu können.

These III

Das Syndrom »Psychoseerfahrung« ist aus unserer Sicht zumindest beschreibend richtig. Diese Annahme ist aber vorläufig und wir müssen Rechenschaft über unser Psychoseverständnis ablegen.

Die beschriebenen Beschwerden und Verhaltensweisen Hölderlins sowohl in den Krisen 1802 und 1806 als auch in den Jahren danach legen aus unserer Sicht die Einschätzung seiner seelischen Verfassung als Psychoseerfahrung nahe. Unter Psychoseerfahrung verstehen wir einen umfassenden Verständigungsabbruch mit den Mitmenschen, einen umfassenden Verlust von Selbstverständlichkeiten, die wir mit unseren Mitmenschen seit frühester Kindheit geteilt haben. Im Alltag nehmen wir wie selbstverständlich an, dass sich uns der Raum bzw. die Situation, in die wir soeben geraten sind, die Gegenstände und Umstände in ihren Bedeutungen sowie die sozialen Rollen und Erzählmuster in genau denjenigen Bedeutungen anbieten, die wir gerade brauchen, um unserem momentanen Vorhaben nachzugehen (vgl. SCHLIMME, BRÜCKNER 2017). Dies reicht von einfachen Situationen, wie der Handlungsabfolge des automatisierten Kaffeekochens oder den Erzählweisen bei einem Small Talk, bis hin zu komplizierten Situationen, wie der Orientierung in einem unbekannten Großflughafen oder der gemeinsamen Lösung einer größeren Aufgabe im Team. In der Psychose kommen diese Selbstverständlichkeiten in unterschiedlichem Ausmaß abhanden. Besonders herausfordernd sind mitmenschliche Begegnungen, sodass der Betreffende zwar noch Kaffee kochen kann, aber den Small Talk nicht mehr hinbekommt.

Der Übergang vom nichtpsychotischen ins psychotische Erleben ist fließend; wir alle kennen kleinere Unsicherheiten und Irritationen. Zumeist können wir sie gut bewältigen, indem wir beispielsweise eine Verständnisfolie an das Erlebte herantragen, die eine Ordnung und Handlungsfähigkeit erlaubt. Vielleicht hat Hölderlin seine stete Nähe zur griechisch-antiken Welt geholfen, solche aufkeimenden Unsicherheiten einzufangen? Alternativ können wir auf Distanz zum Erlebten gehen, indem wir mit jemandem darüber sprechen oder uns anderweitig mitteilen. Vermutlich hat Hölderlin dies in seiner Dichtung zeitlebens getan, nicht nur während der zweiten Hälfte seines Lebens (vgl. Gaier 2014). Nicht zuletzt hilft das Rückbesinnen auf stabile Verlässlichkeiten wie die eigene Leiblichkeit. Hier können bereits einfache Übungen hilfreich sein, wie das klassische Durchatmen. Aber auch ausgedehntere körperliche Betätigung ist förderlich. Hölderlins Unruhe, sein Umherwandern im Haus und im Hausgarten sind von Ernst und Lotte Zimmer ausführlich berichtet. Außerdem ist er viel gewandert; sowohl Tagestouren als auch mehrtägige Wanderungen sind für ihn belegt. Hatte das (Umher-)Wandern für Hölderlin eine solch zentrierend-erdende Funktion?

In schweren Krisen betrifft der Verlust von Selbstverständlichkeiten eine Vielzahl nonverbaler automatisierter (gewohnheitsmäßiger) Muster des Wahrnehmens, Bewertens, Bedeutens und Handelns. So ergibt sich schließlich eine ungeahnte Fülle an Bedeutungen, die den Gegenständen und Umständen anhaften. Diese Bedeutungsfülle enthält nicht nur die im jeweiligen Moment wichtigen Bedeutungen, die zum Bewältigen des Anstehenden benötigt werden, sondern auch fernliegende, ungewöhnliche oder sogar neue, hintergründige Bedeutungen. In einer solchen seelischen Verfassung würden wir von einer Psychose sprechen. Bei Hölderlin gibt es viele, wenn auch nur indirekte Hinweise auf solche Erfahrungen.

Manchmal können fernliegende oder ungewöhnliche Ideen das Erlebte leidlich gut ordnen. Diese Gedanken sind möglicherweise für den Betreffenden in der Not dann auch sehr überzeugend. Dies kann so weit gehen, dass er nicht mehr ernsthaft an ihnen zweifelt, obwohl er keinerlei andere überzeugende Nachweise für seine Überzeugungen anzuführen vermag. Diese Überzeugungen erscheinen anderen Menschen dann als ein Irrglaube im Sinne von »Ja, man kann es glauben oder auch nicht, auch wenn es unwahrscheinlich ist«. Für den Betroffenen hingegen sind sie eine unumstößliche Wahrheit. Eine solche persönliche Überzeugung würden wir als wahnhaft bezeichnen. Derartige Überzeugungen sind für Hölderlin nicht überliefert.

Je ausgeprägter die Bedeutungsfülle sich zeigt, desto schwerer wird es für den Betreffenden, sich zurechtzufinden. Sie verlangt ein ständiges Nachdenken, Ordnen und Sortieren. Dies gilt insbesondere für mitmenschliche Situationen. Andere Menschen werden dann zu unvorhersehbaren Aktivitätszentren. Der Aufwand und das Übermaß an Reflexion sind dann äußerst anstrengend, erschöpfend und schließlich oft nicht mehr verlässlich abschließbar. In solchen Verfassungen breitet sich eine Rat- und Ruhelosigkeit aus, und sozialer Rückzug wird notwendig. Auch der sonst haltgebende Boden der Erfahrung, wie die eigene Leiblichkeit und

Identität sowie das Zentriertsein in der gegebenen Situation, wird brüchig und fragwürdig. Als Folge solcher basaler Verunsicherung kommt es häufig zu einem »Eigenbeziehungserleben« oder »Zentralerleben« (ZERCHIN 1990), also dem sicheren Eindruck, dass sich alles und jedes auf einen selbst bezöge. Eine solche seelische Verfassung (Bedeutungsfülle *plus* Zentralerleben) würden wir als eine voll ausgebildete Psychose bezeichnen. Wie bereits mitgeteilt, sind solche Erfahrungen des »Eigenbeziehungserlebens« für Hölderlin nicht verlässlich überliefert. Eine rasche Überforderung durch soziale Begegnungen, die Notwendigkeit ausgedehnten sozialen Rückzugs sowie extreme Ruhe- und Ratlosigkeit sowohl im Falle ungewohnter Ereignisse als auch sozialer Begegnungen mit ihm wenig vertrauten Personen sind hingegen reichlich überliefert.

Solche Erfahrungen finden sich im seelischen Leben Jugendlicher und Erwachsener letztlich nur im Rahmen von Psychosen. Es ist klar, dass die Inhalte solcher Psychoseerfahrungen einen Zusammenhang mit der eigenen Lebensgeschichte, den gemachten Erfahrungen und kulturellen Prägungen haben. Die Dauer und die Intensität solcher Erfahrungen sind unterschiedlich. Oft sind Psychosen kurzzeitig und sich selbst limitierend, insbesondere wenn sie angemessen begleitet werden. Manchmal halten solche Erfahrungen aber auch sehr lange an. Gerade dann bedarf es angemessener Begleitung. Es ist klar, dass solche Erfahrungen nicht bereits eine spezifische Erkrankung sind, auch wenn die betreffende Person durch die dramatischen Veränderungen ihrer Lebenswelt oft massiv verängstigt ist. Vielmehr sind sie eine allgemeinmenschliche Reaktionsweise, so wie eine Trauerreaktion bei Verlust geliebter Menschen.

Bereits diese Formulierung zeigt, dass wir Psychosen als eine allgemeinmenschliche Antwort auf bestimmte mitmenschliche, jedoch nicht mehr in der sozial geteilten Realität lösbare Herausforderungen verstehen. Wir folgen hier der allgemeinen Definition von Manfred Bleuler:

> »Nach unserem heutigen Wissen bedeutet Schizophrenie [bzw. Psychosen, J. S. / U. G.] in den meisten Fällen die besondere Entwicklung, den besonderen Lebensweg eines Menschen unter besonders schwerwiegenden inneren und äußeren disharmonischen Bedingungen, welche Entwicklung einen Schwellenwert überschritten hat, nach welchem die Konfrontation der persönlichen inneren Welt mit der Realität und der Notwendigkeit zur Vereinheitlichung zu schwierig und zu schmerzhaft geworden ist und aufgegeben worden ist« (BLEULER 1987, S. 18).

Viele Menschen bleiben auch nach ihren psychotischen Krisen in einem psychosozialen Sinne eingeschränkt. Oft benötigen sie viele Jahre oder sogar lebenslang ein gewisses Ausmaß an mitmenschlicher Unterstützung. Auch Hölderlin blieb in einem erheblichen Umfang unterstützungsbedürftig. Dies betraf auch alltägliche Verrichtungen der Haushaltsführung, sodass die Wohnung in einer Pflegefamilie offenbar der genau richtige Ort für ihn war. Hier hatte er den Freiraum für andere Beschäftigungen, wie Lektüre, Klavierspiel und Spaziergänge. Eine Rückkehr in ein selbstständiges bürgerliches Leben als Dichter, Hauslehrer oder gar Priester war ihm aber nicht mehr möglich. In der Tat stand seine psychische Bedürftigkeit für seine Umgebung außer Frage. Niemand, der mit ihm zu tun hatte, meinte z. B., das Gratial vom württembergischen

Hofe und dem Konsistorium wurde ungerechterweise bezahlt. Wir bezeichnen diese besondere Form der Abgrenzung und des Rückzugs von einer Fülle an sozialen Wirkkreisen als eine Alienation. Damit meinen wir einen sozialen Rückzug, der angesichts der eigenen sozialen Empfindsamkeit sinnvoll und notwendig geworden ist. Alienation gestaltet sich einerseits im Sinne eines örtlichen Rückzugs, der oft absichtlich geschieht. Sie gestaltet sich aber auch im Sinne eines unabsichtlichen Verhaltens in bestimmten, als bedrängend und beschämend erlebten Situationen, in denen sich derjenige nicht aktiv zurückziehen kann. Die betreffende Person verhält sich dann unbeholfen oder unsicher und verwendet bestimmte Verhaltens- und Ausdrucksweisen in sehr eigenwilliger Art und Weise. Für andere wirkt dies oft schräg und befremdlich, verstiegen oder verschroben, formelhaft oder zerfahren. Ein solches Verhalten hält andere auf Distanz und schafft den Rückzugsraum, den sich der Betreffende nicht anderweitig beschaffen kann. All dies ist für Hölderlin ausführlich überliefert.

Es lässt sich noch ein weiteres, wenn auch indirektes Argument für die Annahme führen, dass Hölderlin phasenhaft psychotisch war. Es betrifft Hölderlins besondere soziale Empfindsamkeit, die für psychoseanfällige Menschen durchaus typisch ist (vgl. Gonther 2019, S. 237; Schlimme, Brückner 2017). Hierbei geht es letztlich um das zwischenmenschliche Dilemma des Dazugehören-Wollens und Eigenständig-bleiben-Wollens. Diese Grundspannung wohnt allen Beziehungen inne. Bei Menschen mit einer erhöhten Psychoseanfälligkeit nimmt sie aber offenbar aufgrund ihres quantitativen Ausmaßes »eine völlig andere Qualität« an (Fromm-Reichmann 1958/1978, S. 234). Frieda Fromm-Reichmann beschrieb bereits 1948 diesen

»zentralen Widerspruch (›mismatch‹), dass die Personen persönliche Beziehungen nicht in dem Ausmaß ertragen können, wie sie das Bedürfnis haben, mit anderen verbunden zu sein. Dieses Dilemma führe dazu, dass die Schwelle des Erträglichen im Miteinander zu schnell erreicht sei und in panische Angst umschlage, deren Abwehr sich dann in psychotischen Symptomen ausdrücke« (SCHLIMME, BRÜCKNER 2017, S. 141).

Diese »Spannung zwischen dem Abhängigkeitsbedürfnis und der Sehnsucht nach Freiheit« (FROMM-REICHMANN 1958/1978, S. 232) macht verständlich, warum besondere Anforderungen an das Miteinander mit psychoseerfahren(d)en Personen gestellt werden. Dennoch ist zu beachten, dass eine Psychoseanfälligkeit ja nicht bedeutet, tatsächlich in eine Psychose zu geraten. Neben einer psychosozialen Anfälligkeit gibt es immer noch weitere Gründe dafür, dass eine Psychose der einzig verbliebene, unabsichtliche Lösungsweg für denjenigen in seiner Situation wird.

Dies alles passt zur Psychogenese einer psychotischen Krise und auch dazu, dass eine hohe Psychoseanfälligkeit bestehen bleibt und die Rückkehr in die bürgerliche Existenz nicht mehr möglich ist. Im Falle Hölderlins hat sich die glückliche Fügung ergeben, dass er eine diesem Zustand angemessene Form der Versorgung gefunden hat oder diese für ihn gefunden wurde. Am richtigen Ort von den richtigen Menschen mit dem richtigen Maß an Nähe und Distanz wurde er voller Anerkennung geschützt, auch vor seiner eigenen Unfähigkeit, in der Welt selbstverständlich zurechtzukommen.

THESE IV
Hölderlin blieb auch in den zweiten 36 Jahren seines Lebens
Mitgestalter seiner Lebenszeit und als Dichter aktiv.

In den Jahren bei den Zimmers am Neckarufer hat Friedrich Hölderlin seine Lebenssituation aktiv mitgestaltet. Er hat Gespräche geführt, musiziert, ist spazieren gegangen und hat sich für die Entwicklungen in seiner Wirtsfamilie, zeitweise auch für das Weltgeschehen interessiert (z.B. für den Befreiungskampf der Griechen). Bis zu seinem Lebensende hat er in der Zeit bei den Zimmers eine eigene, ganz ihm gemäße Genesungsleistung aufgeboten, die sich aus seinen vielen persönlichen Ressourcen speiste. An erster Stelle ist hier seine Fähigkeit zum Dichten zu nennen. Diese hatte auch die Funktion der Selbstverständigung, die dennoch nicht ganz ohne Antwort der anderen auskam; schließlich gab er Gedichte weiter. An nachgeordneter Stelle standen Spaziergänge in der näheren Umgebung, Musizieren und auch die Beschäftigung mit dem Hyperion oder Klopstocks Oden. In all diesen Verhaltensweisen fand er offenbar Techniken, um sich von inneren Spannungen, belastenden Erlebnissen und unerfüllten Sehnsüchten abzulenken oder sie dosiert auszudrücken. Hölderlin war nicht umnachtet, und die Linien seines Lebens und Dichtens machen ihn bis heute für viele Menschen unserer Zeit anschlussfähig, interessant und zeitlos modern.

THESE V
Hölderlin fand in seiner zweiten Lebenshälfte heimatliches
Asyl. Dies war mehr, als er vorher finden konnte.

Hölderlin bewegte sich zeitlebens in einer nur zu menschlichen, uns allen vertrauten Spannung: Er wollte dazugehören, wollte ankommen bei Orten und Menschen. Gleichzeitig wollte er für sich bleiben und war nur mit sich ganz bei sich. Wir denken, dass er sich im Miteinander schnell verletzt, gekränkt, beschämt und zurückgesetzt fühlte, obwohl er so gerne mit den anderen nah und vertraut gewesen wäre. Eine unlösbare Spannung, die wir alle in all unseren Formen des Miteinanders lösen müssen. Oft müssen wir auch aushalten, dass bestimmte Sehnsüchte nach Miteinander nicht erfüllt werden können. Dies auszuhalten, ohne die Sehnsucht zu leugnen, ist nicht immer einfach und tut weh. Wir nehmen an, dass es Hölderlin zumindest in seinen Krisen 1802 und 1806 nicht mehr aushalten und seine Sehnsucht nicht mehr zugeben konnte und ihm so nur noch der unfreiwillige Ausbruch in die Psychose blieb. Aber, und dies scheint uns doch naheliegend: Er fand Heimat bei den Zimmers und in der sehr eigenwilligen, für ihn passenden Lebensweise. Um dies besser zu verstehen, benötigen wir einen Reiseführer durch die verschiedenen Orte seines Lebens.

In seiner ersten Lebenshälfte war Hölderlin nirgends zu Hause. Dabei gehörte es auch vor 200 Jahren zum normalen Erwachsenwerden, sich einen Platz in der Welt auszustaffieren, sich einzuräumen. Dies hat Hölderlin so nie getan. Er war stets unterwegs, bis er als Dauergast bei Familie Zimmer Asyl fand. Bei den Zwischenaufenthalten in Nürtingen in den jeweils wechselnden Wohnungen seiner Mutter war klar, dass er nicht auf längere Zeit in diesem Haushalt bleiben konnte und wollte. Bei Sinclair war er zu Gast erstmals im Gartenhaus in Jena, später zweimal für längere Zeit in Homburg, dann allerdings nicht in Sinclairs Wohnung, sondern zur Untermiete bei Handwerkern, welche die Hausgemeinschaft mit ihm jeweils auch nicht lange ertrugen. Es gibt mündliche Hinweise darauf, dass er bei seinem zweiten Homburgaufenthalt in ein kleines Häuslein im Walde ausquartiert worden war, bevor er widerrechtlich nach Tübingen abtransportiert wurde. So zieht sich durch sein Leben, dass er in jeder Wohnsituation ein Fremder, ein Untermieter war, der kein Zuhause im alltäglichen Sinne fand.

Dennoch hat Hölderlin sich mit den Orten verbunden gefühlt, an denen er sich vorübergehend aufhielt. In »Emilie vor dem Brauttag« drückt er selbst es so aus: »Mir bleibt die Stelle lieb, wo ich gelebt« (HÖLDERLIN 2004 Bd. 7, S. 134). Bereits als Jugendlicher hat er z. B. in dem Gedicht »Die Teck« kulturelle, historische und geografische Bezüge einer bestimmten Lokalität oder Landschaft zum menschlichen Schicksal gesehen. In seinen Hymnen »Der Rhein« oder »Der Ister« wird diese Art von Geografie geradezu programmatisch. Später, in den Turmgedichten, ist dann die Aussicht aus dem Fenster hinein in die Landschaft des Neckartals bis hin zur Schwäbischen Alb neben den Jahreszeiten der Hauptbezugspunkt seiner Lyrik (»Die Aussicht«, siehe S. 116). Während seiner ersten Lebenshälfte sehen wir Hölderlin durch Schwaben und Süddeutschland wandern und unruhig umherreisen, immer wieder mit Zwischenstation bei seiner Mutter in Nürtingen. Während seiner zweiten Lebenshälfte verbringt er die Zeit überwiegend bei Familie Zimmer im Turm am Neckar, den er vor allem für ausgiebige Spaziergänge verlässt.

Hölderlin hat sich nie in seinem Leben an irgendeiner Stelle im damaligen bürgerlichen Sinne häuslich eingerichtet. In seinem Besitz befand sich eine Truhe, später ein kleiner Tisch, der bis heute von Nachfahren der Familie Zimmer in Ehren gehalten wird. Es gab einen großen Koffer und zeitweise ein Klavier. Der Besitzstand an Büchern ist bekannt; allerdings ist dies ein sehr bescheidener Hausstand für den wohlhabenden Mann, der Friedrich Hölderlin war.

Neben den Orten, an denen wir leben, sind die Menschen wichtig, mit denen wir dort leben. Für die meisten Menschen ist dies wichtiger als der Ort: Heimat ist da, wo meine Familie lebt, wo meine Freunde leben. Hölderlin war da vermutlich anders. Dennoch gab es gerade auch in der zweiten Lebenshälfte zumindest zwei Personen, die ihm als Menschen wichtig waren: Wilhelm Waiblinger und Lotte Zimmer. Sie sollen hier an vorletzter Stelle stehen, bevor wir Hölderlin noch einmal abschließend das Wort geben.

Mit Wilhelm Waiblinger ging er gern zu dessen Gartenhaus auf dem Österberg in Tübingen. Waiblinger wurde 1804 in Heilbronn geboren und starb 1830 in Rom. Er besuchte zeitweise das Tübinger Stift, wurde dort allerdings wegen seiner fehlenden Disziplin hinausgeworfen. Waiblinger war ein Unruhestifter, versuchte sich als Dichter, schrieb den »Phaeton«, eine fiktive Künstlerbiografie, in der er sich an Friedrich Hölderlins Leben orientierte.

Bekannt geworden ist Waiblinger durch seine Tagebuchnotizen und eine 1827 aus der Erinnerung in Rom verfasste Schrift über seine Begegnungen mit Friedrich Hölderlin. Sie trägt den Titel »Friedrich Hölderlins Leben, Dichtung und Wahnsinn«. In den

Jahren 1822 bis 1826 besuchte Waiblinger Hölderlin in Tübingen, nahm ihn mit in sein Gartenhaus, sprach mit ihm und äußerte anderen gegenüber, dass er sich mit niemandem auf der Welt so gut verstehe wie mit Friedrich Hölderlin. Seine Schrift über den 34 Jahre älteren Freund enthält einige Fakten, allerdings auch sehr lebendige Schilderungen von Hölderlins Alltag. 1831 wurde diese Schrift von Brockhaus in Leipzig veröffentlicht. Berühmt geworden sind vor allem die Schilderungen des ersten Besuchs und des amphitheatralischen Zimmers, in dem Hölderlin wohnte. Wilhelm Waiblinger war außerdem befreundet mit Gustav Schwab und dessen Sohn Christoph Theodor. Nahezu alle anderen schriftlichen Zeugnisse über Hölderlins zweite Lebenshälfte sind von Waiblingers Schriften mehr oder weniger stark beeinflusst.

Unter den Beziehungen Hölderlins zu Frauen ragt diejenige zur 43 Jahre jüngeren Lotte Zimmer heraus. Lotte Zimmer war die jüngste Tochter von Ernst und Maria Zimmer. Sie wurde 1813 geboren und starb 1879 im Alter von 66 Jahren. Als Jungfer Lotte oder Loddle hatte sie in der Mitte des 19. Jahrhunderts in Tübingen bei vielen Studenten einen Ruf als gute Vermieterin, und es war allgemein bekannt, dass sie die Pflegerin Friedrich Hölderlins war. Als sie geboren wurde, lebte der Dichter bereits sechs Jahre im Haus ihrer Eltern, d.h., sie wuchs mit ihm auf. Nach dem Tod ihrer Eltern übernahm sie auch organisatorisch verantwortlich die Versorgung Hölderlins und hatte täglichen Umgang mit ihm. In den vierteljährlichen Briefen an den Oberamtspfleger in Nürtingen finden sich nicht nur die Rechnungen, sondern auch ihre Einschätzungen zu Hölderlins Verfassung. Dabei fällt auf, wie sachlich und liebevoll sie selbst Phasen von Tobsucht schildert, die bis kurz vor dem Tod weiter dokumentiert sind. In einfachen Worten stellt sie dar, warum so oft neue Hemden gebraucht wurden – nämlich weil Hölderlin diese zerriss –, wie es um seine sonstige Garderobe und die Schuhe stand und wie er den Tag verbrachte. So etwa in der Schilderung vom 24. Juli 1840, dass er morgens schon um fünf aufstehe, bis mittags im Hyperion lese und spazieren gehe und dass er gern Wein trinke. Am 10. November 1840 vermerkt sie: »[E]r bleibt sich immer gleich« (ZIMMER 1997, S. 13). Besonders berührend sind die Schilderungen ihrer Wache am Sterbebett Hölderlins 1843.

Bekannt ist, dass Hölderlin sie mit »Heilige Jungfrau« ansprach. Sie nannte ihn »Herr Bibliothekar«, was ihm offenbar gut gefiel. Über die vielen Jahre wurde Lotte Zimmer sehr wahrscheinlich zu Hölderlins wichtigster Bezugsperson. Sein Verhältnis zur Mutter war bekanntermaßen zerrüttet, ebenso wie das zur Schwester und zu Eberhardine Blöst, die ihm zunächst sehr nahe stand, während er sich von der Krise des Frankreichaufenthalts 1801/02 erholte, und dann 1804 seinen Halbbruder Karl Gok heiratete. Susette Gontard, mit der er ohnehin nur eine Beziehung im Verborgenen führen konnte, da sie verheiratet war und auch einer deutlich wohlhabenderen Gesellschaftsschicht angehörte als Hölderlin, lebte bereits seit 1801 nicht mehr. Zu seinen früheren Geliebten Louise Nast, Elise LeBret und Wilhelmine Kirms bestand nach den jeweiligen Trennungen kein Kontakt mehr. Insgesamt fällt auf, dass Hölderlin, trotz seiner vielen Kontakte und Freundschaften zu Frauen und Männern, offenbar keine Partnerschaft im herkömmlichen Sinne des Wortes aufbauen konnte. Umso mehr erstaunt es, wie langfristig und harmonisch der Kontakt zur Familie Zimmer insgesamt und speziell zu Lotte beiderseits gestaltet wurde.

Offensichtlich hat sich Friedrich Hölderlin in seine Rolle als Sonderling am Rande der Gesellschaft gefügt. Es ist ihm gelungen, daraus eine eigenartig mit seinem Werk verknüpfte Inszenierung mitzugestalten. Dies geschah jedoch nicht aus freien Stücken, sondern unter dem Eindruck der für ihn nicht zu bewältigenden inneren und äußeren konfliktären Realität. Insofern lässt sich unseres Erachtens die Lebensgeschichte Friedrich Hölderlins gut heranziehen, um das schwer Verständliche von psychotischen Erfahrungen und den Lebensläufen krisenerfahrener Personen sowie das Auszuhaltende ihrer hintergründigen, im Sozialen sich ansiedelnden Spannung als die zentrale Botschaft zu verstehen. Für therapeutische Bemühungen resultiert daraus der Auftrag, Menschen bei der Verständigung über dieses schwer Verständliche nicht alleinzulassen. Schließlich erfordert die Verständigung mit sich selbst über sich selbst immer einen darstellenden, verbalisierenden Umweg, eine soziale Selbstverständigung. Dazu bedarf es eines sozialen Raumes, in dem die Spannung aufkommen kann, die in den für den Betreffenden wichtigen Miteinandern besteht. Diese Spannung ist gemeinsam so zu dosieren, dass sie ausgehalten, bestenfalls sogar ausgesprochen werden kann und nicht psychotisch abgewehrt werden muss. In langjähriger Begleitung kann dem betroffenen Menschen dann eine Reintegration zuvor desintegrierter Anteile des psychosozialen Lebens gelingen, die er in einem Akt der Selbstverteidigung abgespalten und verworfen hat, aus seelischer Notwehr gegen die überwältigenden, schmerzhaften und überfordernden Erfahrungen. Bei Hölderlin wurde dieser soziale Raum mindestens ansatzweise durch die Pflegefamilie geschaffen. Mit (psycho-)therapeutischer Begleitung als weiterem Freiraum zum Finden einer sozialen Selbstverständigung und Weiterentwicklung der eigenen Beziehungsfähigkeiten wäre vielleicht mehr möglich gewesen, vielleicht aber auch nicht. Wir sollten die Leistung der Familie Zimmer und insbesondere Lottes aus der sicheren Position rund 200 Jahre später nicht unterschätzen.

Die Aussicht (HÖLDERLIN 2004, Bd. 12, S. 237)

Wenn in die Ferne geht der Menschen wohnend Leben,
Wo in die Ferne sich erglänzt die Zeit der Reben,
Ist auch dabei des Sommers leer Gefilde,
Der Wald erscheint mit seinem dunklen Bilde,

Daß die Natur ergänzt das Bild der Zeiten,
Daß die verweilt, sie schnell vorübergleiten,
Ist aus Vollkommenheit, des Himmels Höhe glänzet
Den Menschen dann, wie Bäume Blüth' umkränzet.

Mit Unterthänigkeit. d. 24 Mai 1748   Scardanelli

Hölderlin, Friedrich. Die Aussicht
(Wenn in die Ferne geht), Homburg I, 19r

Anhang

Aus dem Rezeptbuch der Autenriethschen Klinik, Tübingen, 1806

16.–21. September. Rezeptbuch des Authenriethschen Clinicums, Tübingen.

> Autenrieths Hd.: d. 16. Sept.
>
> M. Hölderlin
>
> Rc. HB. belladonnae gr. vj. hb. digitalis purpureae gr. ij. infunde cum
>
> Aq. chamomillae anisatae Uz. Ij.
>
> Colat. D. S. Täglich 3 mahl einen Löffel voll zu geben.

Kerners Hd: d. 17. u. 18. Sept.

> Reitr. M: Hölderlen mixtr: d. 16. Sept: pr.
>
> D. S. Täglich 4 Eßlöffel voll

Autenrieths Hd: 18. Sept. Hölderlin.

> Einen Schoppen Wein auf 2 Tage.

Kerners Hd: M. Hölderlend. 21. Sept.

> Reit: Mixtr: d 16 Sept: pr.
>
> D. S. ut ante.

H. 15. Sept

Rct. pul. D. S. Lytr. pr:
S. S. Hrt. Ҟ ant.

Rct. Trsofu von 18 Sept.
adde ol. therebinthina ʒj.
naphtha vitrioli ʒj.
M. D. S. ut ante.

D. 15. Sept: Ofbeter Majer
Mixt adde
catr. nuci vomica gr. v.

H. 16. Sept. H. Göllerin
Ⱥ. Ƀ. belladona gr. vj.
Ƀ. digitalis purpurea
infus. gr. ij
Ⱥq. chamomilla
anisata ʒij
Colat. D. S. Täglich 3 mal
einen löffel voll zu geben

Autenrieths Hd.: d. 21. Sept: Hölderlin

Rc. tr cantharidum Scr. ij.

mercurii dulcis gr. xvj.

opii puri gr. iv.

Sacchari albi Dr. 12

M. Div. in VIII part. aq.

Dent. ad chart. diss

Täglich 4 mahl ein Pulver zu geben.

[...]

30. September. Rezeptbuch des Autenriethschen Klinikums.

Kerners Hd.: M. Hölderlen d. 30. Sept

Reitr. pulvis d. 21. Sept: pr:

D. S. ut: ante:

[...]

16.–21. Oktober. Rezeptbuch des Autenriethschen Klinikums.

Kerners Hd: Hölderlin d. 16. octr:

Reitr: pulvis d. 21. Sept: pr:

D. S. ut: ante:

Autenrieths Hd: d. 17. octr: Hölderlin

Rc. Gummi aloes succotrinae Dr. 12.

tart. vitriolati. Dr. iij.

Sacchari albi Unz. j12.

Aq. chamomillae anisatae Unz. j12.

Aq anisi Unz. iij.

A. D. S. Alle 2 Stund einen Löffel voll zu nehmen

Hd Autenrieths: d. 21. octr. Hölderlin

Spazierengehen

Aus: Hölderlin, F. (2004): Sämtliche Werke, Briefe und Dokumente in zeitlicher Reihenfolge. Bremer Ausgabe. München: Hermann Luchterhand Verlag, Bd. 12, S. 9–12.

Literatur

AUTENRIETH, J. H. F. (1807): Versuche für die praktische Heilkunde. Band 1, Heft 1 u. 2. Tübingen: Cotta.

BENEDETTI, G. (1975): Psychiatrische Aspekte des Schöpferischen. Göttingen: Vandenhoeck & Ruprecht.

BERTAUX, P. (1978): Friedrich Hölderlin. Eine Biographie. Frankfurt/Main: Suhrkamp.

BLANKENBURG, W. (1971): Der Verlust der natürlichen Selbstverständlichkeit. Stuttgart: Enke.

BLANKENBURG, W. (1983): Friedrich Hölderlin. Bulletine Institute Constante Medicine Kumamoto University, 33(2), S. 149–161.

BLEULER, E. (1957): Dementia Praecox. Leipzig, New York: Springer.

BLEULER, M. (1987): Schizophrenie als besondere Entwicklung. In: K. DÖRNER (Hg.): Neue Praxis braucht neue Theorien. Gütersloh: Verlag Jakob van Hoddis, S. 18–25.

BUCK-ZERCHIN, D.S. (2005): Auf der Spur des Morgensterns. Psychose als Selbstfindung. Norderstedt: Anne Fischer Verlag; Neumünster: Paranus.

DÖRNER, K. (1984): Bürger und Irre. Zur Sozialgeschichte und Wissenschaftssoziologie der Psychiatrie. Frankfurt/Main: Europäische Verlagsanstalt.

EMMERICH, W. (2010): Hölderlins späteste Gedichte und die Sorge um sich. In: U. GONTHER; J. E. SCHLIMME (Hg.): Hölderlin und die Psychiatrie. Bonn: Psychiatrie Verlag, S. 263–283.

FICHTNER, G. (1980): Psychiatrie zur Zeit Hölderlins. Tübingen (Universitätsbibliothek) [Katalog zur Ausstellung anlässlich der

63. Jahrestagung der Deutschen Gesellschaft für Geschichte der
Medizin, der Naturwissenschaften und Technik in Tübingen].

FROMM-REICHMANN, F. (1958/1978): Psychoanalyse und
Psychotherapie. Eine Auswahl aus ihren Schriften. Stuttgart:
Klett-Cotta.

GADAMER, H.-G. (1960): Wahrheit und Methode. Grundzüge
einer philosophischen Hermeneutik. Tübingen: Mohr Siebeck.

GAIER, U. (2014): Hölderlins Melancholie. In: S. DOERING; V.
LAWITSCHKA (Hg.): Hölderlin-Studien. Tübingen: Edition Isele,
S. 27–129.

GONTHER, U. (2017): Der sich und Anderen fremd werdende
Mensch (Schizophrenie). In: K. DÖRNER u. a. (Hg.): Irren ist
menschlich. Lehrbuch der Psychiatrie und Psychotherapie.
Köln: Psychiatrie Verlag, S. 233–284.

GONTHER, U. (2019): Der Fall Friedrich Hölderlin – Was Psychiater daraus lernen können. Schizophrenie. Mitteilungsorgan der
gfts. 35, S. 20–33.

GONTHER, U; REINECKE, A. (2019): Veränderungen in Hölderlins
Sprache vor und nach dem Bordeaux-Aufenthalt am Beispiel
der beiden Briefe an seinen Freund Casimir Ulrich Böhlendorff.
In: S. DOERING, J. KREUZER, M. VÖHLER (Hg.): Hölderlin-
Jahrbuch 2018-2019. Leiden, Boston, Singapore, Paderborn:
Wilhelm Fink Verlag, S. 122–146.

GONTHER, U.; SCHLIMME, J. E. (2010) (Hg.): Hölderlin und die
Psychiatrie. Köln: Psychiatrie Verlag.

HÄRTLING, P. (2005): Hölderlin. Ein Roman. 3. Aufl. 1978/81,
Darmstadt: Luchterhand.

HAYDEN-ROY, P. A. (2011): Sparta et Martha. Pfarramt und Heirat in der Lebensplanung Hölderlins und in seinem Umfeld. Ostfildern: Jan Thorbecke Verlag.

HELLINGRATH, N. VON (1923): Vorrede zur ersten Auflage. In: HÖLDERLIN. Sämtliche Werke. Historisch-Kritische Ausgabe. Begonnen durch Norbert v. Hellingrath. Fortgeführt durch Friedrich Seebass und Ludwig v. Pigenot. Erster Band. Zweite Auflage. Berlin: Propyläen-Verlag, S. VIII–IX.

HESSELBERG, A.-K. (1981): Die Psychiatrie J. H. F. Autenrieths (1772–1835). Tübingen: Medizinische Dissertation.

HÖLDERLIN, F. (1972): Sämtliche Werke. Große Stuttgarter Ausgabe. Stuttgart: Michael Kohlhammer.

HÖLDERLIN, F. (1992): Sämtliche Werke und Briefe. Münchner Ausgabe. München: Carl Hanser.

HÖLDERLIN, F. (1975–2008): Sämtliche Werke. Frankfurter Hölderlin-Ausgabe. Frankfurt/Main: Strömfeld/Roter Stern.

HÖLDERLIN, F. (2004): Sämtliche Werke, Briefe und Dokumente in zeitlicher Reihenfolge. Bremer Ausgabe. München: Hermann Luchterhand Verlag.

JAKOBSON, R.; LÜBBE-GROTHUES, G. (1976): Ein Blick auf »Die Aussicht« von Hölderlin. In: R. JAKOBSON: Hölderlin. Klee. Brecht. Zur Wortkunst dreier Gedichte. Frankfurt/Main, S. 27–96.

JASPERS, K. (1922): Strindberg und van Gogh. Versuch einer pathographischen Analyse unter vergleichender Heranziehung von Swedenborg und Hölderlin. München: Piper.

JASPERS, K. (1926): Strindberg und van Gogh. Versuch einer pathographischen Analyse unter vergleichender Heranziehung von Swedenborg und Hölderlin. 2. ergänzte Aufl. Berlin: Verlag von Julius Springer.

Jaspers, K. (1973): Allgemeine Psychopathologie. 4. bzw. 9. unveränderte Aufl. Berlin, Heidelberg, New York: Springer Verlag.

Kaufmann, D. (1995): Aufklärung, bürgerliche Selbsterfahrung und die »Erfindung« der Psychiatrie in Deutschland, 1770–1850. Göttingen: Vandenhoeck & Ruprecht.

Keller, T. (1993): Hölderlin – zwei Hälften eines Lebens. In: M. Konrad; P.-O. Schmidt-Michel (Hg.): Die zweite Familie. Bonn: Psychiatrie Verlag, S. 77–89.

Kerner, J. (1958): Die Seherin von Prevorst. Eröffnungen über das innere Leben des Menschen und über das Hereinragen der Geisterwelt in die unsere. Hg. v. Joachim Bobamer. Stuttgart: Cotta.

Kurz, G. (1979): Hölderlin und die Frage nach dem Wahnsinn. Euphorion 73, S. 186–198.

Lange-Eichbaum, W. (1908): Hölderlin. Eine Pathographie. Stuttgart: Enke.

Laplanche, J. (1975): Hölderlin und die Suche nach dem Vater. Stuttgart: Enke.

Leonhard, K. (1964): Die genauere Form der Schizophrenie bei Hölderlin in Beziehung zu seinem Sprachgenie. Psychiatrie, Neurologie und medizinische Psychologie, 16, S. 41–44.

Leonhard, K. (1988): Bedeutende Persönlichkeiten in ihren psychischen Krankheiten. Beurteilung nach ihren eigenen Schriften und Briefen. Berlin: Akademie-Verlag.

Lübbe-Grothues, G. (1983): Grammatik und Idee in den Scardanelli-Gedichten Hölderlins. Philosophisches Jahrbuch 90, 1, S. 83–109.

MICHEL, W. (1940): Das Leben Friedrich Hölderlins. Bremen: Carl Schünemann Verlag.

OELMANN, U. (2002): Späteste Gedichte. In: J. KREUZER (Hg.): Hölderlin-Handbuch, Leben – Werk – Wirkung. Stuttgart: J. B. Metzler, S. 403–409.

OESTERSANDFORTH, C. (2006): Immanente Poetik und poetische Diätetik in Hölderlins Turmdichtung. Tübingen: Niemeyer.

PETERS, U. H. (1982): Hölderlin: Wider die These vom edlen Simulanten. Reinbek: Rowohlt.

PLATON (2006): Phaidros. In: Gesammelte Werke, Bd. 2. Übersetzung von Friedrich Schleiermacher. Hamburg: Europäische Verlagsanstalt.

REIL, J. C. (1803/1968): Rhapsodieen über die Anwendung der psychischen Curmethode auf Geisteszerrüttungen. Amsterdam: Bonset.

SAFRANSKI, R. (2019): Hölderlin. Komm! ins Offene, Freund! München: Carl Hanser Verlag.

SCHEUFFELEN, T.; WAGNER-GNAN, A. (1989): »die Winter Tage bringt er meistens am Forte Piano zu …«: Aus der Nürtinger Pflegschaftsakte: Zwölf Briefe Ernst Zimmers aus den Jahren 1828–1832. Nürtingen: Zimmermann.

SCHLIMME, J. E. (2010): Göttlicher Wahnsinn und schizophrene Erfahrung. In: U. GONTHER; J. E. SCHLIMME (Hg.): Hölderlin und die Psychiatrie. Köln: Psychiatrie Verlag, S. 232–252.

SCHLIMME, J. E.; GONTHER, U. (2010): Hölderlins Behandlung im Tübinger Klinikum. In: U. GONTHER; J. E. SCHLIMME (Hg.): Hölderlin und die Psychiatrie. Köln: Psychiatrie Verlag, S. 51–110.

SCHLIMME, J. E.; BRÜCKNER, B. (2017): Die abklingende Psychose. Verständigung finden, Genesung begleiten. Köln:
Psychiatrie Verlag.

STIERLIN, H. (1972): Hölderlins dichterisches Schaffen im Lichte
seiner schizophrenen Psychose. Psyche, 26, S. 530–550.

TSOUYOPOULOS, N. (2008): Asklepios und die Philosophen. Pa-
radigmenwechsel in der Medizin im 19. Jahrhundert. Stuttgart
(Bad Cannstatt): frommann-holzboog.UFFHAUSEN, D. (1985):
»Weh! Närrisch machen sie mich.« Hölderlins Internierung im
Autenriethschen Klinikum als die entscheidende Wende seines
Lebens. Hölderlin-Jahrbuch 21, S. 306–365.

WAIBLINGER, W. (1981/2014): Friedrich Hölderlins Leben, Dichtung und Wahnsinn. Wurmlingen: Schwäbische Verlagsgesell-
schaft. (Neuauflage 2014: Frankfurt/Main: Suhrkamp).

WALLNER, G. W.; GONTHER, U. (2010): Hölderlin in Tübingen
– Symptomatik und Versuch einer Analyse. In: U. GONTHER,
J.E. SCHLIMME (Hg.): Hölderlin und die Psychiatrie. Köln:
Psychiatrie Verlag, S. 111–131.

WANDEL, U. J. (1977): 500 Jahre Eberhard-Karls-Universität
Tübingen 1477–1977. Universitätsbibliothek Tübingen.

ZERCHIN, S. (1990): Auf der Spur des Morgensterns. Psychose als
Selbstfindung. München: List.

ZIMMER, L. (1997): »Von der Realität des Lebens« – Hir das
Blatt. Nachrichten aus dem Alltag mit Friedrich Hölderlin
mitgeteilt von Lotte Zimmer. A. OVERATH; G. WITTKOP (Hg.).
Berlin: Friedenauer Presse.

Uwe Gonther, Jann E. Schlimme
Hölderlin
Das Klischee vom umnachteten Genie im Turm
Psychiatrie persönlich
1. Auflage 2020
ISBN: 978-3-96605-059-3
ISBN E-Book (PDF): 978-3-96605-060-9
ISBN E-Book (EPUB): 978-3-96605-061-6

Bibliografische Information der Deutschen Nationalbibliothek
Die Deutsche Nationalbibliothek verzeichnet diese Publikation in
der Deutschen Nationalbibliografie; detaillierte bibliografische Daten
sind im Internet über http://dnb.d-nb.de abrufbar.

Umschlagkonzeption und -gestaltung: GRAFIKSCHMITZ, Köln
Lektorat: Tobias Gaudin, Gießen
Typografiekonzeption und Satz: Iga Bielejec, Nierstein
Druck und Bindung: Medienhaus Plump GmbH, Rheinbreitbach

Abbildungen:
Seite 34 Turm mit Burse, © Anton Echter
Seite 68 »Hölderlin, Johann Christian Friedrich«, Wachsrelief
von Wilhelm Paul Neubert, ca. 1840, Deutsches Literaturarchiv Marbach
Seite 117 Hölderlin, Friedrich. Die Aussicht (Wenn in die Ferne geht),
Homburg I, 19r
Seite 119 Württembergische Landesbibliothek, Handschriftenabteilung,
Signatur: Cod. med. et phys. oct.37, 71v.